10 9 8 7 6 5 4 3 2 1 LIFT OFF!

ZWANGERSCHAPSBOEK VOOR MANNEN

VOORWOORD

Toen mijn vriendin voor de eerste keer zwanger was, vond ik het interessant om haar zwangerschapsboeken te lezen. Met iedere week een verhaaltje wat er gebeurt met de baby en met 'jou'. Maar die 'jou' was niet 'ik'. Die teksten waren niet voor mij geschreven. 'Je zult wel misselijk zijn...' 'Steken in je darmen, een rommelig gevoel, maak je geen zorgen, het hoort er allemaal bij.' Ik was helemaal niet misselijk en ik had geen steken in mijn darmen en al was ik wel misselijk: ik hoefde niet aangesproken te worden op de toon van een maatschappelijk werkster die probeert een gevaarlijke gek uit een hijskraan te praten.

Ik wilde niet weten hoe een zwangerschap voelde, maar hoe een zwangerschap werkte. Hoe kan een bevruchte eicel uitgroeien tot een levend wezen? Wat is DNA? Wat is een chromosoom? Maar dat werd nergens verteld.

Nu, drie zwangerschappen later, begrijp ik de toon in de zwangerschapsboeken beter. Mijn emotionele ontwikkeling loopt een jaar of tien achter bij die van de gemiddelde vrouw. En ik vermoed dat dat voor meer mannen geldt. Als ik terugkijk op die eerste zwangerschap, realiseer ik me hoe slecht ik eigenlijk doorhad wat een zwangerschap betekent voor een vrouw. Hoeveel er voor haar van afhing en hoe diep haar zorgen gingen. En niet alleen over de baby in haar buik, maar ook over die praatjesmaker die de zwangerschapskalender belachelijk maakte en die eigenlijk een 'echte vader' moest voorstellen. Vandaar dit zwangerschapsboek voor mannen, met aan de ene kant wat mannelijke – noem het 'nerdy' – verhalen over de machinerie van de zwangerschap en de aard van het leven, maar aan de andere kant ook wat uitleg over wat je vriendin* doormaakt. Want ook zij verandert. Ze lacht niet meer om al je grapjes en vindt het ook niet meer stoer als je de Mount Everest wilt gaan beklimmen. Het kan daarom geen kwaad om een aanstaande vader een paar 'zwangere-vrouwendingetjes' bij te brengen. Ik zou mezelf een paar goede tips hebben kunnen geven als ik tien jaar terug kon reizen in de tijd. Dat kan natuurlijk niet, maar dit boekje maken wel.

Gerard Janssen

* *In dit boek noemen we de zwangere vrouw consequent 'je vriendin'. Misschien is ze je echtgenote, je buurvrouw of een bewust ongehuwde moeder. Maar hopelijk altijd ook je vriendin.*

Negen maanden of veertig weken?

Een zwangerschap duurt negen maanden. Maar wat zijn negen maanden? De ene maand heeft 30 dagen, de andere 31. Februari meestal maar 28. Dat wil natuurlijk niet zeggen dat de zwangerschap een paar weken korter is als je in februari zwanger bent. Om het makkelijker te maken wordt een zwangerschap vaak uitgedrukt in weken. Een gemiddelde zwangerschap duurt veertig weken. Maar let op: als de verloskundige beweert dat de zwangerschap 'in de achtste week zit', betekent dat dat het embryo zes weken oud is. De verloskundige begint te tellen vanaf de eerste dag van de laatste menstruatie voor de bevruchting.

Het moment waarop een vrouw een zwangerschapstest doet, valt meestal in de vijfde week van de zwangerschap, als het embryo drie weken oud is en je vriendin een week over tijd. Snap je het nog? Geen zorgen: we beginnen hier op het meest logische moment. De bevruchting. Het boek is tenslotte bedoeld voor mannen. Maar om de verwarring niet compleet te maken, houden we wel de telling van de verloskundige aan en beginnen we in week 3.

INHOUDSOPGAVE

VOORWOORD .... *pag 2*

DE EERSTE DRIE MAANDEN
Week 3 t/m 12 .... *pag 6 t/m 37*

DE TWEEDE DRIE MAANDEN
Week 13 t/m 24 .... *pag 44 t/m 77*

DE LAATSTE DRIE MAANDEN (plus 4 weken)
Week 25 t/m 40 .... *pag 82 t/m 125*

DE BEVALLING! .... *pag 126*

ALS DE VERLOSKUNDIGE TE LAAT IS .... *pag 135*

NA DE BEVALLING .... *pag 136*

JE EERSTE WEEK ALS VADER .... *pag 140*

JE TWEEDE WEEK ALS VADER .... *pag 142*

DANKWOORD EN COLOFON .... *pag 144*

DE VERLOSKUNDIGE
Wat doet ze en waarom? .... *pag 12*

WAT IS LEVEN?
Wanneer noem je iets levend? En wat heeft opruimen daarmee te maken? .... *pag 26*

DNA, CHROMOSOMEN EN GENEN
De feiten op een rijtje. .... *pag 38*

STERRENSTOF
We zijn gemaakt van sterrenstof. .... *pag 54*

JONGEN OF MEISJE?
Hoe ontstaan de verschillen? .... *pag 68*

DE ONTWIKKELING VAN DE HERSENEN
Hoe werkt dat? .... *pag 78*

STRESS EN ZWANGERSCHAP
Waarom een relaxte vriendin belangrijk is. .... *pag 92*

KIP EI PROBLEEM
Hoe de celdeling in z'n werk gaat. .... *pag 104*

WOORDENBOEK
Wat is inscheuren, een maxi cosi en bekkenbodemspieren? .... *pag 114*

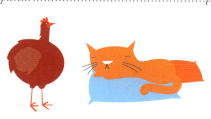

Het begin en het eind van het eerste trimester zijn mijlpalen in het leven van een zwangere vrouw. Het begin omdat ze ontdekt dat ze zwanger is en het eind omdat de kans op een miskraam dan nog maar heel klein is.

—week 3—

De Kleine

Je hebt een van de belangrijkste momenten van je leven beleefd en al dan niet per ongeluk het eerste dominosteentje omgeduwd van iets waarvan de omvang je voorstellingsvermogen te boven gaat. Wat je ook uitgespookt mag hebben, op één of andere manier zijn anderhalf tot drie miljoen van je spermacellen bij de eicel van je vriendin terechtgekomen. Eén daarvan was een voltreffer en heeft zich door de wand van de eicel gewerkt. De eicel is bevrucht en de celdeling is begonnen. Ploep... ploep... ploep... De blob komt tot leven.

— week 3 —

De Grote

Een vrouw produceert al binnen 48 uur na de bevruchting een eiwit (EPF) dat ervoor zorgt dat haar immuunsysteem de vrucht niet afstoot. Maar daar is aan de buitenkant niks van te merken. Je vriendin gedraagt zich normaal. Nog wel. Waarschijnlijk kijken jullie gedachteloos televisie, terwijl er zich in de buik van je vriendin magische processen afspelen.

— week 4 —

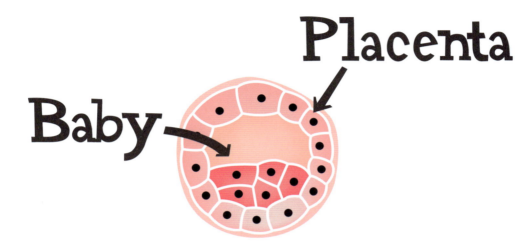

De Kleine

Na een reeks celdelingen ontstaat er in de blob een holte. De ongeboren vrucht wordt nu blastocyste genoemd. In de holte ligt een hoopje cellen dat zich vanaf nu anders gaat ontwikkelen dan de buitenkant van de blob. Dit hoopje cellen zal zich ontwikkelen tot de baby, de andere cellen zullen zich later ontwikkelen tot de placenta. *(Zie ook 'Kip-ei' op pagina 104.)* Tussen de zes en twaalf dagen na de bevruchting produceert de blastocyste het hormoon Bèta-HCG, dat het zwangere lichaam de opdracht geeft om de normale menstruatiecyclus af te breken.

— week 4 —

De Grote

Het hormoon HCG zorgt voor de productie van progesteron, dat weer zorgt voor het groeien van bloedvaatjes in de baarmoederwand, zodat de bevruchte eicel zich lekker kan nestelen. Het hormoon Bèta-HCG veroorzaakt typische zwangerschapstekenen als ochtendmisselijkheid. Ook een zwangerschapstest reageert op de aanwezigheid van dit HCG-hormoon. Vanaf nu zal een zwangerschapstest aangeven dat je vriendin zwanger is.

DE VERLOS-KUNDIGE

De verloskundige is een soort zwangerschapscoach, die zegt dat je zwangere vriendin het goed doet en dat ze zich moet laten vertroetelen (door jou, inderdaad).

De eerste controle

Als je vriendin zwanger is, leer je een paar nieuwe mensen kennen. Een goed voorbeeld is de verloskundige. 96 van de 100 keer is dat een vrouw. De eerste afspraak met de verloskundige zal plaatsvinden rond week 8. En je moet een heel goede reden hebben om niet mee te gaan. Al was het maar om alvast kennis te maken met de wonderlijke wereld van de kindergeboorte.

Aan de muur van de verloskundigenpraktijk hangen tientallen geboortekaartjes en artistieke impressies van een moeder en een baby. In een kast staat een klassieke houten toeter waarmee de verloskundige vroeger naar de harttonen van de baby luisterde en er is ook altijd ergens een plastic baarmoeder waar een plastic foetus in ligt. Naast het bed staat heel wat elektronische apparatuur. Als je overal met je handen van afblijft en geen grappen maakt, kan er niet veel misgaan.

Intieme vragen

De verloskundige zal allemaal intieme vragen stellen, die er in jouw geval op neer zullen komen of je wel uit het goede hout gesneden bent. Zitten er longziekten, hart- en vaatziekten en diabetes in je familie? Gebruik je drugs? Heb je last van psychotische aanvallen? Ze vraagt nog net niet: 'Wat vind je eigenlijk van jezelf als toekomstig vader?' Verder legt ze allemaal dingen uit over voeding en de groei van de baby. De verloskundige vraagt of jullie informatie over prenatale testen willen. Geven jullie aan van niet, dan zal ze hier verder niet op ingaan. Zo ja, dan krijgen vrouwen onder de 36 jaar informatie over de combinatietest (screening). Vrouwen boven de 36 jaar kunnen kiezen uit prenatale testen als de combinatietest en/of de diagnostiek (vruchtwaterpunctie en vlokkentest). De meeste verloskundigen nemen ook bloed af om te controleren op bloedgroep, resusfactor, ijzergehalte en allerlei infectieziekten.

Hartslag

Na het eerste bezoek volgt na een week of vier het volgende bezoek. Een hoogtepunt van het tweede bezoek is de kennismaking met de hartslag van de baby. Al dan niet op het beeldscherm van het echo-apparaat of uit de speaker van de doptone, een speciaal soort microfoon. Hoe verder de zwangerschap vordert, hoe sneller de bezoeken elkaar op zullen volgen. Aan het eind wekelijks. De verloskundige zal in de gaten houden of je vriendin gezond blijft, zich goed voelt en of het kind in de baarmoeder zich goed ontwikkelt. Ze controleert ieder bezoek de bloeddruk van je vriendin en de hartslag van de baby. Ook voelt ze of de baby goed ligt.

Gynaecoloog

Als er complicaties dreigen, maakt de verloskundige een inschatting of ze je vriendin moet doorsturen naar de gynaecoloog. Is dit niet het geval, dan zal de verloskundige de bevalling begeleiden, ook als je vriendin in het ziekenhuis wil bevallen. De eerste week na de bevalling zal de verloskundige regelmatig langskomen om te controleren of alles goed gaat.

Echo

Een echo is een soort sonar. Voor ons onhoorbare geluiden reflecteren in de buik van de zwangere vrouw. En deze geluidsreflecties worden zichtbaar gemaakt op een soort televisie. Het resultaat is een wazig beeld van de baby. De echoscopist kan de leeftijd van de foetus bepalen door zijn lengte te meten. Tussen de 8 en 12 weken zal er een termijnecho worden gemaakt voor de bepaling van de uitgerekende datum. Voor de combinatietest verwijst de verloskundige door naar het echobureau of naar het ziekenhuis *(zie pagina 16)*. Soms is er een reden eerder een echoscopie te maken: bijvoorbeeld bij bloedverlies, heel erge buikpijn of ter geruststelling. Misschien heeft de praktijk daarvoor de benodigde apparatuur, anders stuurt ze jullie door naar het echobureau of het ziekenhuis.

Rond de 20 weken kun je nog een screeningsecho laten maken, om te kijken of de baby zich goed ontwikkelt en of er genoeg vruchtwater is. Belangrijkste reden is om te onderzoeken of er geen 'zichtbaar aangeboren of structurele afwijkingen' zijn. Verder kijkt de echoscopist naar de groei, de ligging van de placenta en of er genoeg vruchtwater is.

Er zitten voor- en nadelen aan de screeningsecho rond de 20 weken. Voordeel: Het is een medisch onderzoek en er kan veel worden gecontroleerd. Als alles goed is, dan is het erg leuk om te zien hoe je kind zich ontwikkelt. Hoe het is gegroeid, dat het al op zijn duim zuigt of met de navelstreng speelt. Nadeel: Het kan zijn dat je kind een afwijking heeft. Het kan ook zijn dat de onderzoeker iets denkt te zien, terwijl dat uiteindelijk niet zo is. Je kunt dus onnodig ongerust worden gemaakt. Verder is het ook goed te beseffen dat de echoscopist niet alles kan zien en dat hij ook wel eens een afwijking kan missen.

Resusfactor

Er zijn vier verschillende bloedgroepen. A, B, AB en O. Daarnaast is er de resusfactor + of -. Je kunt dus de bloedgroep O+ hebben, maar ook AB-, de meest zeldzame bloedgroep. 16% van de Nederlanders heeft een negatieve resusfactor (-). Heeft jouw vriendin een negatieve resusfactor en de baby een positieve, dan moet je een beetje opletten. Als het bloed van de baby in de bloedbaan van de moeder terechtkomt, zal zij antistoffen aanmaken tegen het resuspositieve bloed, en dat kan kwalijke gevolgen hebben voor de baby.
Is je vriendin resus-negatief dan zal ze rond de 30ste week voor de zekerheid een anti-resus of anti-D prik krijgen, die ervoor zorgt dat ze geen antistoffen tegen het babybloed ontwikkelt. Deze prik moet je vriendin ook binnen 48 uur na de geboorte krijgen als de baby resus-positief is (dit wordt onderzocht in het navelstrengbloed dat de verloskundige na de geboorte afneemt), om ervoor te zorgen dat er ook bij een volgende zwangerschap geen problemen optreden. Is jullie baby resus-negatief, dan hoeft dit niet.

Prenatale testen

Er zijn tegenwoordig verschillende prenatale testen die je kunt doen om te kijken of er iets mis is met de baby. Het zijn testen die je eigenlijk doet om te horen dat er niets aan de hand is. Is er wel iets aan de hand, dan komen jullie voor lastige dilemma's te staan.

De combinatietest

De combinatietest kan tussen de 11 en 14 weken worden gedaan. Deze test bestaat uit twee onderzoeken. Een bloedonderzoek om te kijken welke hormonen er in het bloed aanwezig zijn, en een echo-onderzoek waarbij het vocht in de nek van de foetus wordt bekeken (de nekplooimeting). In combinatie met de leeftijd van je vriendin en de duur van de zwangerschap kan de kans worden berekend dat de baby het Downsyndroom heeft. Een kans groter dan 1 op 200 is een zogenaamde 'verhoogde kans'. In dat geval kun je een vervolgonderzoek laten doen (meestal vruchtwaterpunctie, maar soms ook een vlokkentest). Wat de uitslag ook is, je loopt altijd het risico een kind met het Downsyndroom te krijgen.

De vruchtwaterpunctie

De vruchtwaterpunctie kan pas na de 15de week worden gedaan omdat er dan pas voldoende vruchtwater is. De gynaecoloog zuigt met behulp van een naald door de buikwand wat vruchtwater op. Onderzoek van het vruchtwater kan uitwijzen of de baby een chromosoom of DNA-afwijking heeft. Ook eventuele stofwisselingsstoornissen, een open ruggetje of open schedel komen aan het licht. Er is een kans van 1 op 300 dat de vruchtwaterpunctie een miskraam veroorzaakt.

De vlokkentest

Het voordeel van de vlokkentest is, dat hij al na de 11de week kan worden gedaan. Het nadeel is dat de vlokkentest minder betrouwbaar is dan de vruchtwaterpunctie. Als de vlokkentest een chromosoomafwijking uitwijst, bestaat de mogelijkheid (1 op 100) dat deze afwijking zich alleen maar in de placenta bevindt en niet bij de baby. Dus om het helemaal zeker te weten zal de gynaecoloog dan een vruchtwaterpunctie moeten doen. Bij de vlokkentest neemt de gynaecoloog met een naald een klein stukje weefsel van de placenta weg. Het weefsel wordt op kweek gezet, zodat het geschikt wordt voor chromosoom- en DNA-onderzoek. Er is een kans van 1 op 200 dat een vlokkentest een miskraam veroorzaakt.

Meer informatie: www.rivm.nl/zwangerschapsscreening

— week 5 —

Ware grootte

De Kleine

Het kleine embryo is nu een 1,5 tot 2,5 millimeter groot peertje. Het bestaat uit drie lagen: het ectoderm, het endoderm en het mesoderm. Uit het ectoderm zullen de hersenen, het zenuwstelsel, de huid en de nagels ontstaan *(zie ook 'Ontwikkeling van de hersenen' op pagina 78)*. Het endoderm ontwikkelt zich tot de luchtwegen en het spijsverteringskanaal. Het mesoderm is het voorstadium van het hart, de bloedcellen, de nieren en de spieren. Drie weken na de bevruchting begint het hartje te groeien en zachtjes te kloppen.

— week 5 —

De Grote Vaak

is dit de week van de zwangerschapstest. De kans is groot dat je vriendin vreemde klanken uitstoot als ze de uitslag van de test ziet. Misschien is ze heel blij of juist helemaal niet blij, of allebei tegelijk. De kans is groot dat jij met stomheid geslagen bent, niet goed weet wat je voelt en niet weet wat je moet doen. Dat je als een zombie naar de twee stipjes (of het blauwe streepje, afhankelijk van het merk zwangerschapstest) staat te turen, terwijl al je hersenactiviteit verdwijnt. Waarschijnlijk ga je een beetje door de kamer heen en weer lopen, of op je stoel zitten wippen. Of je staat op om iets te drinken te halen om het unieke moment te vieren, maar als je in de keuken staat, weet je niet meer wat je ging doen. Ben je het type man dat zijn vriendin graag van achteren bij de borsten grijpt, als je niet weet wat je moet doen, realiseer je dan dat deze nu extra gevoelig zijn. Het kan nooit kwaad aan je vriendin uit te leggen dat mannen vaak geen woorden weten om te zeggen wat ze voelen. Mannen vertalen dit 'voelen' vaak in fysiek, vervelend of kinderachtig gedrag. Vrouwen verwarren de mannelijke manier van emoties uiten soms met gevoelloosheid.

— week 6 —

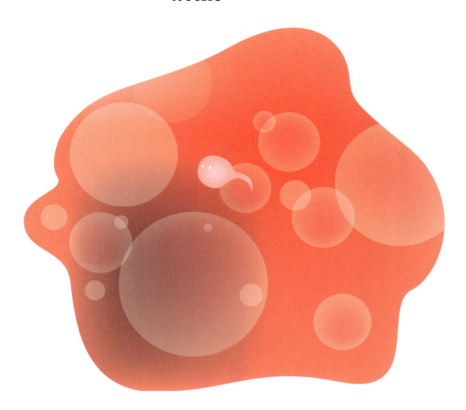

De Kleine
Het
is goed dat je het embryo (5 mm) nog niet kunt zien, anders zou je kunnen twijfelen of het wel van jou is. De baby lijkt meer op een doof en blind kikkervisje dan op jou. Het embryo begint al kleine stompjes te ontwikkelen op de plaatsen waar zijn armpjes en beentjes moeten komen. Ook zijn ogen en oren zijn nu in aanleg aanwezig.

— week 6 —

De Grote

Laat

het uit je hoofd om 's avonds vrienden thuis uit te nodigen. Stel je ook niet te veel voor van het leven na acht uur 's avonds. Een zwangere vrouw kan 's avonds ongelofelijk moe worden. En ze zal het op prijs stellen als je je daaraan aanpast, en je ontpopt tot een lekkere huismus. Heerlijk samen op de bank en vroeg naar bed. Als je de sfeer in huis goed wilt houden, zorg dan dat je vroeg van je werk thuis bent. Zorg er verder voor dat ze gezond eet. Informeer tussen neus en lippen door of ze al een afspraak met de verloskundige heeft gemaakt. En of ze foliumzuur en vitamine D slikt. Foliumzuur en vitamine D zijn goed voor de ontwikkeling van de foetus en vitamine D voorkomt botontkalking van je vriendin. Bovendien klinkt het heel meelevend als je dit soort vragen stelt.

— week 7 —

De Kleine

Het
embryo is nu 7 tot 9 millimeter lang. Was papa's kleintje vorige week nog een raar wormpje, nu begint het eruit te zien als een echte baby. Een alienbaby'tje weliswaar, met een grote vierkante kop, maar een baby'tje: met armpjes en beentjes. Zelfs de vingertjes worden al zichtbaar, hoewel zijn handjes en voetjes nog wel een soort zwemvliezen zijn. Niet alleen het neusje, maar ook de spijsverteringsorganen beginnen zich nu goed te ontwikkelen: de slokdarm, de maag en de darmen. En de spiervezels verschijnen, waardoor het baby'tje voor het eerst kan voelen wat het betekent om bewegingen te maken.

— week 7 —

De Grote
Als
je katten hebt, dan ben jij vanaf nu Hoofd Kattenbakverschoner. In kattenpoep kunnen de verwekkers van toxoplasmose zitten. Toxo is een parasiet die opduikt in de poep van katten. Als jíj de kattenbak verschoont en daarna je handen wast, is er verder niets aan de hand. Het is sowieso misschien een goed idee om de zorg voor de katten op je te nemen. De relatie die vrouwen met hun katten hebben, verandert nogal eens na de geboorte van een baby. In negatieve zin, welteverstaan. Toxo kan overigens ook in rauw vlees zitten. Dit is de reden dat het eten van filet américain en half doorbakken biefstuk wordt afgeraden. En nu we toch bezig zijn: ook lever (te veel vitamine A) en kazen gemaakt van rauwe melk (listeriabacterie) kan je vriendin beter niet eten.

— week 8 —

De Kleine

Het embryo is in deze week 1 cm groot. De ontwikkeling van de kleine hersenen gaat razendsnel. De stompjes zijn uitgegroeid tot armpjes en beentjes. Aan de armpjes beginnen de flippers zich al te ontwikkelen tot vingers. Ook is er al een reflex-respons.

— week 8 —

De Grote Als

Als je vriendin nog geen misselijkheid en andere gevoelens van narigheid heeft gehad, is de kans groot dat ze daar deze week last van krijgt. Met name 's ochtends kan een zwangere zich knap ziek voelen: loopneus, hoofdpijn en overgeven. In de loop van de dag zal ze vaak wat opknappen. Probeer haar maar een beetje te verwennen. Veel drinken en veel kleine hapjes eten, ook als ze zich misselijk voelt, wil nog wel eens helpen om de pijn te verzachten. Daarnaast is obstipatie een bekend zwangere-vrouwenprobleem. Probeer ernstig en begripvol te blijven kijken als ze zich plotseling nog meer zorgen maakt over de bevalling, omdat ze er nog niet eens een drol uit kan persen. Als ze nergens last van heeft, is dat overigens geen reden tot bezorgdheid. Eén op de vijf vrouwen voelt zich prima in deze fase. In deze week is de eerste afspraak met de verloskundige *(zie pagina 12)*.

WAT IS LEVEN?

Veel vrouwen veranderen onomkeerbaar als ze zwanger zijn: ze kunnen niet meer tegen rommel. De kans is groot dat jij een man bent die rommel associeert met gezellig en levendig. Daarom is het goed om even stil te staan bij wat 'leven' eigenlijk is.

Als je langs het strand loopt, zie je wel eens krabbenpootjes liggen. Je trapt ze misschien nog verder kapot. De levende krabben zitten intussen ingegraven in het zand of verborgen achter een steen. En eigenlijk is dit de essentie van het leven. Leven houdt zichzelf in stand en alles wat niet leeft, valt langzaam maar zeker uit elkaar.

Wanorde

Eén van de belangrijkste natuurkundige wetten kun je samenvatten met de stelling dat de wanorde altijd groeit, wat er ook gebeurt. Een voorbeeld is een blokje ijs dat smelt. Watermoleculen zitten eerst netjes geordend tegen elkaar. Als ze smelten, vallen ze van elkaar af, gaan ronddraaien en trillen en maken er een waterig zooitje van. Het is makkelijker om een ijsblokje op te ruimen dan om een plas water weg te halen.

Vriesvak

Maar, zul je misschien zeggen, je kunt toch een glas water in het vriesvak zetten, daar ijs van maken en dus de orde weer herstellen? Dat klopt, maar de netto wanorde zal toch stijgen. De warmte die een koelkast aan de achterkant produceert, laat luchtmoleculen alle kanten op dwarrelen. De wanorde die dan ontstaat is groter dan de wanorde die verdwijnt wanneer het water in het glas bevriest.

Zooitje

Een ander voorbeeld is een koffiekopje. Dat valt makkelijk kapot. Maar een koffiekopje valt nooit heel. Als je scherven naar elkaar toe ziet vliegen en samen een heel koffiekopje ziet worden, dan weet je dat er een filmpje achteruit wordt gedraaid. In filmpjes die vooruit draaien, wordt het altijd een groter zooitje. Omdat dingen wel makkelijk kapot vallen maar nooit heel vallen, wordt de wanorde in de wereld alleen maar groter.

Orde in de wanorde

Het leven lijkt in staat om met deze natuurwet te spotten. Het leven zorgt voor tijdelijke orde-oases in de groeiende wanorde-woestijn. Een levend wezen weet op één of andere manier de groeiende wanorde tijdelijk te stoppen, of zelfs om te keren. Uit kleine stukjes kalk ontstaat een schelp, uit aarde en lucht ontstaat een boomblaadje. Een levend wezen ordent zijn eigen lichaam. Om scheurtjes te herstellen en nieuwe spieren of hersenverbindingen te maken. Om verval tegen te gaan. Astronomen die de hemel afspeuren op zoek naar leven, zoeken naar orde die er niet zou moeten zijn.

Mooie appels

Maar net als bij de koelkast schrijft de wet van de wanorde voor dat een levend wezen ervoor moet zorgen dat de wanorde buiten hem sneller groeit dan dat wanorde in hem afneemt. Dat doen we net als de koelkast, door warmte aan onze omgeving af te staan. Maar ook door ons te voeden met door ander leven 'geordend materiaal' en dat weer als 'wanorde' uit te poepen. We eten mooie appels en we scheiden een rommelige massa af, zodat, als je alles bij elkaar optelt, de wanorde blijft groeien op zo'n manier dat het niet ten koste van onszelf gaat.

Als we zorgen dat ons huis netjes blijft, dan wordt onze woning deel van het levende organisme en niet deel van de boze vervallende doodse buitenwereld, waar alles alleen maar stoffiger wordt. Waar opgeruimd wordt, regeert het 'leven'. Dat de netto wanorde op aarde nog sneller groeit door al dat schoonmaken (vuilnisbelten, milieuvervuiling), dat is weer een ander verhaal.

Meer informatie: What Is Life – Erwin Schrödinger

— week 9 —

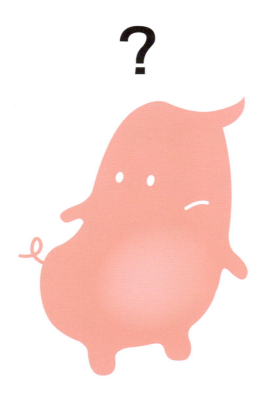

De Kleine
Het embryo is nu 2 centimeter en weegt 2 gram. Het hoofdje wordt puntig, en de staart wordt korter en korter vergeleken met de armpjes en beentjes. De beentjes krijgen knieën en aan het einde van de beentjes worden de teentjes zichtbaar.

— week 9 —

De Grote

Dit is vaak een pittige week voor een zwangere vrouw. Prikkelbaarheid is heel normaal. En ook kunnen gevoelens van stress en bezorgdheid haar overmannen. Hoe moet het allemaal? Misschien zie je af en toe dat ze een beetje meewarig naar je zit te kijken. Ze zal het misschien niet hardop zeggen, maar de kans bestaat dat ze iets denkt als: 'Kijk hem zitten, hij heeft geen idee wat hem te wachten staat. Hij kan niet opruimen, hij kan niet plannen en hij denkt dat alles zich vanzelf oplost. De stumper.' Als je ziet dat de stress oploopt, iedere keer dat ze naar je kijkt, stel dan voor om samen een eindje te gaan lopen. Stress is slecht voor een zwangere vrouw *(zie ook 'Stress en zwangerschap' op pagina 92)* en wandelen vermindert de spanning. Bijkomend voordeel is dat de meeste mannen makkelijker praten als ze lopen. De kans is groot dat je haar tijdens het wandelen verrast met een paar gevoelige en misschien wel verstandige opmerkingen die haar vertrouwen in jou vergroten en de stress verder verlagen.

— week 10 —

De Kleine

Is nu zo'n 3 centimeter groot en weegt 2 gram. Het embryo groeit nu met 1 centimeter per week. De armpjes en beentjes groeien snel. De zwemvliezen tussen de vingers en de tenen verdwijnen. In deze week worden de borstholte en de buikholte van elkaar gescheiden door de groeiende middenrifspieren, die essentieel zijn voor de ademhaling.

— week 10 —

De Grote

Om

het voorzichtig te zeggen: je bent een plaats opgeschoven in de hiërarchie. Om het iets minder voorzichtig te brengen: wat jij denkt, voelt en wilt, doet er even helemaal niks meer toe. Als je vriendin 's ochtends wakker wordt, denkt ze aan die kleine Pinokkio en als ze 's avonds naar bed gaat ook. En als je bij het avondeten vertelt over de grappige en/of diepzinnige bezigheden die je dag vulden, dan luistert ze waarschijnlijk niet omdat ze met haar hoofd in haar buik zit. Leuk is anders, maar dit is niet het moment om zielig en verongelijkt te doen. Oefen je in empathie. Inlevingsvermogen is waarschijnlijk niet je sterkste kant, daar ben je man voor, maar probeer het. Stel je voor dat jij een baby'tje in je buik hebt, en... nou ja, laat ook maar. Waar het op neerkomt is dat je je moet beheersen als je wat aandacht tekortkomt.

— week 11 —

De Kleine
Vanaf
nu mag je de kleine 'foetus' noemen. De ogen, de mond en de neus beginnen zich nu goed te ontwikkelen. Het kikkervisje is een mensje geworden van ongeveer 4 centimeter en 7 gram met een echt gezichtje. Alles wat in een volwassen mens aanwezig is, bestaat ook in de foetus. De maag produceert maagzuur, de niertjes functioneren. De grote gewrichten zoals de knieën en ellebogen beginnen vorm te krijgen. De foetus krijgt zelfs al een unieke vingerafdruk.

— week 11 —

De Grote

De kans bestaat dat je vriendin zich wat vreemd gaat gedragen. Ze houdt van eten dat ze eerst verafschuwde en andersom. Een lekker kopje koffie met opgeklopte melk lust ze ineens niet meer. Probeer eventuele paranoia in bedwang te houden. Het echte leven is geen film en het lichaam van je vriendin is niet in bezit genomen door een buitenaardse levensvorm. Het is doodnormaal dat ze zich wat vreemd gedraagt. De boosdoeners zijn hormonen.

—week 12—

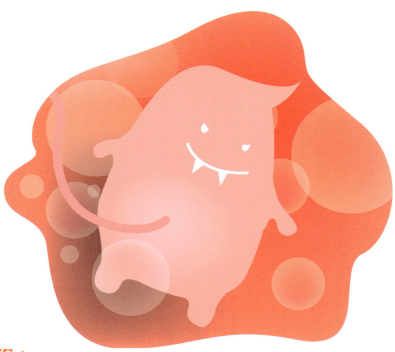

De Kleine

De foetus is 6 centimeter. De ogen, die eerst aan de zijkant van het hoofdje zaten, schuiven naar voren en ook de oren zitten nu op de goede plek. Aan de vingers groeien nu kleine nageltjes en op het hoofd beginnen haartjes te groeien. In de mond is er een eerste aanzet van een gebit.

— week 12 —

De Grote

Vanaf

nu kan de verloskundige met een Doppler-apparaatje het hartje laten horen. Probeer in deze week mee te gaan naar de verloskundige, want dit moment wil je vriendin waarschijnlijk graag met je delen; dat kleine dappere hartje dat zo zijn best doet om zo snel te kloppen... Een goed kloppend hartje is ook een teken dat het risico op een miskraam flink is afgenomen. De kans bestaat dat je er tijdens het bezoek aan de verloskundige als een zombie bij zit en niet goed weet hoe je moet reageren op wat er wordt gezegd. Dat is niet zo erg, daar ben je een man voor. Maar dat betekent niet dat je niet belangrijk kunt zijn. Luister aandachtig naar wat de verloskundige allemaal uitlegt. Want de kans is groot dat je vriendin dat niet goed verwerkt met haar dromerige zwangere hoofd. En het is natuurlijk handig als jij alles kunt navertellen.

DNA, CHROMOSOMEN EN GENEN

Natuurlijk weet iedere man wat chromosomen en DNA zijn. Daarom heeft je kind blauwe of bruine ogen. Dat is genetisch. Toch? Voor de zekerheid hier de feiten nog even op een rijtje.

Wij zijn opgebouwd uit 10 tot 100 biljoen (duizend miljard) cellen. Huidcellen, levercellen, hersencellen enzovoort. Een cel bestaat uit een membraan, zeg maar het zakje dat alles bij elkaar houdt en een celkern, het zenuwcentrum van de cel. De cel is gevuld met water waarin zouten, vetten, koolhydraten en eiwitten zijn opgelost. Cellen zijn te beschouwen als kleine fabriekjes, waarbij zowel de machines als de werklieden gemaakt zijn van eiwitten. Een mensenlichaam bevat meer dan vijftigduizend verschillende soorten eiwitten: stugge structurele eiwitten zoals we die in de haren en de huid vinden, en eiwitten als hemoglobine dat zuurstof vast kan houden.

Alle eiwitten zijn gemaakt van bouwsteentjes die er in twintig varianten zijn: de aminozuren. Zoals je van twintig verschillende soorten Lego-steentjes brandweerauto's, huizen en bomen kunt bouwen, zo worden er in een menselijke cel van twintig soorten aminozuren eiwitten gemaakt met de meest uiteenlopende vormen en functies.

Bouwplan

Dat gebeurt niet willekeurig. Eiwitten worden volgens een strikt bouwplan in elkaar gezet. En dat bouwplan ligt vast in het DNA-molecuul, dat opgevouwen ligt binnen in de kern van iedere lichaamscel. Een DNA-molecuul lijkt op een lange touwladder die is gedraaid zodat hij op een uitgestrekte wokkel lijkt. De touwen zijn gemaakt van stoffen die chemici deoxyribose en fosfaten noemen. De treden die de touwen met elkaar verbinden, bestaan uit twee helften, die precies op elkaar passen. De helften bestaan uit vier stoffen: Thymine (T), Adenine (A), Cytosine (C) en Guanine (G).
Vergeet de moeilijke namen en denk net als bij de aminozuren aan bouwblokjes die in elkaar kunnen worden geklikt. Thymine en Adenine passen mooi op elkaar, en Cytosine en Guanine ook. Maar Thymine past niet op Guanine en Adenine niet op Cytosine enzovoort. Een DNA-molecuul is als twee totempalen met handen die zich om elkaar heen hebben geslingerd en elkaar vasthouden. Een T-hand houdt altijd een A-hand vast, een C-hand altijd een G-hand.

Volgorde

Als je de twee totempalen uit elkaar haalt, is de ene streng het negatief van de andere. Een half DNA-molecuul kan gebruikt worden als mal, om de andere helft te maken. De volgorde van de handen lijkt op het eerste gezicht willekeurig, zoals ATGTACCGTGGATAA. De volgorde van de 'letters' is minder willekeurig dan hij lijkt. Het is het bouwplan van een simpel eiwit. De volgorde vertelt hoe de aminozuren aan elkaar geklikt moeten worden. De bovenstaande code betekent:

ATG: start
TAC: pak het aminozuur Tyrosine
CGT: pak aminozuur Arginine
GGA: pak aminozuur Glycine
TAA: stop

Zo'n stukje DNA-code dat correspondeert met de bouwformule van één eiwit, wordt een gen genoemd.

Sliert

DNA is dus te vergelijken met een cd-tje met allemaal nullen en enen, en de eiwitten zijn als de muziek die je hoort als je het cd-tje draait. Maar DNA is geen schijfje. Het is een sliert van wel twee meter lang. Een DNA-molecuul is zo lang, dat het een warboel zou worden als een DNA-molecuul niet ingekapseld was in een harnas van eiwitten. De combinatie van een DNA-molecuul en het harnas noemen we chromosoom.

Het harnas van het chromosoom zorgt er ook voor dat niet alle genen in een cel actief worden. Ieder verschillend celtype gebruikt maar een paar specifieke stukjes van het DNA. Het gen voor blauwe ogen blijft strak ingepakt in een spiercel, maar wordt wel geopend in een oogcel. De eiwitten rollen het specifieke stukje DNA even uit, waarop het DNA kan worden gekopieerd. Zo'n kopietje van één gen wordt mRNA genoemd. Eiwitten die ribosomen heten, gebruiken de mRNA-kopietjes om van aminozuren de eiwitten in elkaar te zetten, zoals een draaiorgel muziek maakt van de gaatjes in de bladzijde van een orgelboek.

Chromosomenparen

Chromosomen bestaan in tweetallen. Gewoonlijk heeft een mens 46 chromosomen, die in 23 paren verdeeld zijn. Ieder chromosomenpaar bevat een chromosoom van de vader en één van de moeder. Er zijn 22 paren autosomen en één paar geslachtshormonen. De autosomen worden genummerd met 1 tot 22 naar aflopende lengte. Het langste chromosoom is chromosoom-1 en het kortste chromosoom-22. De geslachtshormonen worden aangeduid met een X of een Y. Een vrouw heeft twee X-chromosomen, een van de vader en een van de moeder. Een man heeft een XY-chromosomenpaar, het enige chromosomenpaar waarbij de beide chromosomen niet even lang zijn.

Ogen

Doordat de meeste chromosomen dubbel zijn, zijn ook de genen dubbel. Voor elk eiwit bestaat een dubbel bouwplan. Eentje afkomstig van de vader en eentje afkomstig van de moeder. Zo kan het dat een vader met bloedgroep A en een moeder met bloedgroep B kunnen zorgen voor kinderen met bloedgroep AB. In het geval van de oogkleur kan een kind op dezelfde manier blauw-bruine ogen krijgen. Blauw-bruine ogen zien er bruin uit. Daarom is bruin in dit geval dominant. Een vader met blauw-bruine en een moeder met blauw-bruine ogen hebben allebei ogen die er bruin uitzien. Ze kunnen kinderen krijgen met bruin-bruine, blauw-bruine en blauw-blauwe ogen. De eerste twee vormen zien er bruin uit en de laatste blauw.

Kleurenblind

Het feit dat er twee bijna identieke eiwitten zijn voor één functie, is een ingebouwde veiligheid. Mocht er een defect zitten in het gen van de moeder, dan kan het gen van de vader dit defect meestal opvangen. Maar niet altijd. Mannen hebben namelijk één chromosomenpaar dat niet symmetrisch is: het XY-chromosoom. Het Y-chromosoom, ook wel het sexchromosoom genoemd, stelt namelijk niet zo veel voor. Het is veel korter dan het X-chromosoom. Het bevat eigenlijk alleen maar genen die samenhangen met de productie van testosteron. Er is in het geval van het X-chromosoom bij mannen geen vangnet. Een defect op het X-chromosoom heeft consequenties. Een bekend voorbeeld is rood-groenkleurenblindheid, dat om deze reden bij mannen veel vaker voorkomt dan bij vrouwen. Als er in het verband van een zwangerschap wordt gesproken van een chromosoomafwijking, dan gaat het meestal over het bestaan van niet twee maar drie chromosomen-21. Dit veroorzaakt het syndroom van Down.

Meer informatie: In Search Of The Double Helix - John Gribbin

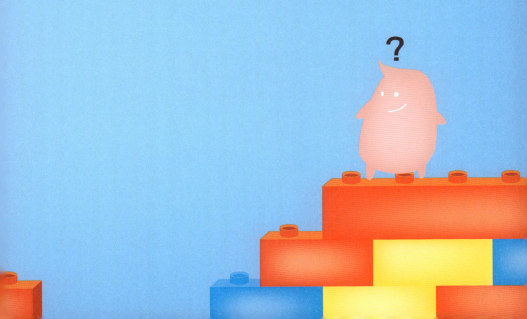

Voor je vriendin - en dus ook voor jou - begint er een energieke periode. Je vriendin gedraagt zich zo vrolijk als Bob de Bouwer. **Ze** heeft energie voor drie, loopt over van ideeën, krijgt rode blosjes en **zet zo de babykamer** in de verf.

—week 13—

De Kleine

De baby (8 centimeter, 23 gram) krijgt nu gevoel. Hij kan zijn rijstkorrelvingertjes bewegen als hij dat wil. Hij begint zijn gezicht aan te raken en aan zijn lipjes te voelen. Dat kan hem uren bezighouden. Ook ontwikkelt zijn zuigreflex zich zodat hij lekker op zijn duim kan zuigen. Vanaf nu kan hij ook zijn smaakpapillen en zijn neus gebruiken.

— week 13 —

De Grote

Veel
vrouwen wachten tot deze week met het vertellen van het grote nieuws aan wie het maar horen wil. Ze hebben dan heel wat af te kakelen en te gillen door de telefoon, en de e-mailtjes zullen binnenploppen. Realiseer je dat de manier waarop vrouwen met elkaar praten anders is dan hoe mannen met elkaar praten. Het is niet: 'Hee, hallo, ik ben zwanger', en: 'O, gefeliciteerd'. Daar moet heel wat meer over worden gezegd. Als je denkt dat het veel loze woorden zijn, dan heb je niet helemaal ongelijk, maar het gaat toch ook weer dieper dan het lijkt. De gesprekken komen vrij nauw. Op een voor mannen onpeilbare manier worden de klokken gelijkgezet. Hoe reageert A, hoe reageert B, hoe zien mijn vriendschappen eruit? Aan wie heb ik wat? Van wie had ik een andere reactie verwacht? De hersengebieden waar de emotionele en sociale intelligentie huizen, draaien overuren. Voor de meeste mannen zal het altijd wazig blijven wat dat precies betekent. Maar laat de vrouwen maar kakelen en vertrouw erop dat het ergens belangrijk voor is.

— week 14 —

Ware grootte

De Kleine

Hoewel de meeste afvalstoffen van de baby (9 centimeter, 28 gram) door de navelstreng worden afgevoerd, begint de baby nu ook al in het vruchtwater te plassen. Gelukkig is baby-urine nog niet zo vies. De baby begint ook zijn ademhaling te oefenen door vruchtwater 'in en uit te ademen'. Door de snelle groei van de hersenen bestaat de baby voor de helft uit hoofd.

— week 14 —

De Grote
Als
je vriendin nog steeds misselijk en hormonaal is, moet dat deze week toch echt minder worden. Verheug je daar echter niet te veel op. De kans is groot dat ze wil dat er ineens allerlei klusjes worden gedaan. Nu een nieuwe keuken. Nu je studeerkamer uit om er een kinderkamer van te maken. Nu de tuin aan kant, of de schuur opruimen. Met nadruk op het woord 'nu'. Het heeft geen zin om ertegen te vechten. Het beste kun je maar gewoon helpen. Nu. Hou intussen een beetje in de gaten of je vriendin genoeg en gezond eet. Is de pan leeg en zit ze hongerig naar je bord te kijken, geef haar dan nog wat van jouw eten. Geef haar de gelegenheid om fijn in een gelukkige zwangerschapsbubbel te verkeren. Neem wat feel good tijdschriftjes mee naar huis, koop wat bruisballen, laat het bad vollopen en laat haar maar eens lekker in het hete water zitten. Als je iedere avond graag naar het achtuurjournaal en Nova kijkt, laat je vriendin daar dan geen last van hebben. Zij wil geen ellende of politiek gekonkel zien, maar liever America's Next Top Model of een gezellig dvd-tje. Zorg dat ze later op haar zwangerschap terugkijkt als een fijne positieve ervaring, en niet als die periode van de derde Intifadah, toen de beurs instortte en Ajax weer geen kampioen werd.

— week 15 —

De Kleine

De baby (10-12 centimeter) begint lekker te bewegen en salto's te maken. De nieren ontwikkelen zich verder en het lijfje haalt wat groei in ten opzichte van het enorme hoofd. Kleine haartjes bedekken nu het lichaampje.

— week 15 —

De Grote
Als

jullie een gezellig avondje hebben, zal je vriendin niet veel alcohol mogen drinken. Hou er rekening mee dat, als jij voor je eigen gevoel na een biertje of zes op je allergrappigst bent, je vriendin daar heel anders over kan denken. Ze is nu al veranderd, zul je misschien opmerken. Maar dat is niet helemaal terecht. Om haar te begrijpen moet je voor de grap ook eens geen alcohol drinken op een feestje. De kans is groot dat je je samen met je zwangere vriendin verwondert om zo veel flauwe grappen en kinderachtig gedrag. Dus zo ziet een feestje eruit als je niks drinkt! Gelukkig hebben jullie een goede smoes om vroeg naar huis te gaan.

— week 16 —

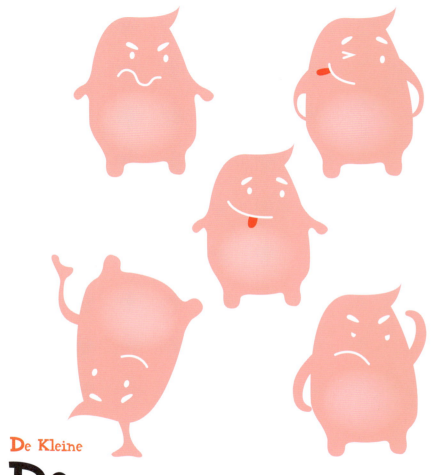

De Kleine

De wenkbrauwen komen tevoorschijn en de baby (15 centimeter) krijgt een echt gezichtje waarmee hij, alsof hij het zelf in de gaten heeft, gekke bekken begint te trekken. De baby kan al licht en donker zien.

—week 16—

De Grote

Er
is goed nieuws en er is slecht nieuws. De zwangere vrouw maakt rond deze tijd kennis met een nieuw gevoel in haar buik. Het lijkt een beetje op het gevoel van een scheet in wording, maar dan anders. Ze voelt de baby spartelen en buitelen. Het slechte nieuws is dat er langzamerhand weer wat pijntjes en kwaaltjes opduiken. Rugpijn, duizeligheid en opgezwollen enkels en vingers. Een mooi moment om een paar kruiken of opwarmbare kersenpitkussens mee naar huis te nemen.

Sta niet vreemd te kijken als je zwangere vriendin midden in de nacht de trap afstommelt om de koelkast te plunderen, op zoek naar gedroogd vlees, reuzel of zure haring. Maak je niet te veel zorgen dat de vreetkicks een slechte invloed hebben op de baby. Af en toe een bizarre snack kan niet veel kwaad. Dit is een goede week om een afspraak te maken voor de 'structurele screeningsecho' bij 20 weken. Als je die tenminste wilt *(zie ook pagina 16)*.

STERRENSTOF

'Wij zijn gemaakt van sterrenstof.' Dat is niet alleen maar een mooie tekst op een geboortekaartje, het is nog echt waar ook.

Geboortekaartjes zijn niet echt een mannending. Het is moeilijk om over de geboorte van een kind mooie dingen te zeggen zonder te vervallen in clichés. Kijk de geboortekaartjes er maar op na: 'Ons wondertje is geboren', of: 'Het maantje of het zonnetje? Jij bent het allebei.' Maar je zult er niet aan ontkomen om mee te denken over de tekst op het geboortekaartje. Sterker nog: je vriendin hoopt ergens diep vanbinnen dat je een gevoelige en spirituele bijdrage levert. De kans is groot dat jij een tekst in je hoofd hebt als: 'Zo, en nu ga ik weer verder met mijn leven', of: 'Daar gaat mijn droom om rockgitarist te worden.' Grappige teksten, maar vrouwen hebben meestal weinig gevoel voor humor als het om geboortekaartjes gaat.

Redding

Gelukkig is er redding. Met wat kennis van astronomie is het mogelijk om een mooie, eerlijke, oprechte tekst te verzinnen, die recht doet aan de waarheid, die niet overdreven zweverig of schattig is en die zelfs zwangere vrouwen mooi zullen vinden. Iets als:

'Ieder nageltje, ieder haartje, ieder wimpertje… is gemaakt van sterrenstof.'

Sterrenstof? Ja, sterrenstof. Alles wat je om je heen ziet, wat je kunt aanraken of kapot kunt gooien, is gemaakt van sterrenstof. Alles op aarde is opgebouwd uit een van de ruim negentig elementen die in de natuur voorkomen. Elementen zijn de basisbestanddelen van alles wat je om je heen ziet. Voorbeelden zijn waterstof, zuurstof, stikstof, ijzer en goud. En de meeste daarvan zijn gesmeed in een ster die minstens acht keer groter was dan onze zon. Een heldere vuurbal die honderden miljoenen jaren geleden uit elkaar knalde.

In the beginning...

Vlak na de Big Bang, de geboorte van het heelal, was het heelal pikdonker en gevuld met donkere wolken waterstof. Waterstof is het simpelste element dat er bestaat, en is gemaakt van een proton met positieve lading en daaraan gekoppeld een negatief geladen elektron. Je zou je een waterstofatoom voor kunnen stellen als een proton waaromheen een elektron cirkeltjes draait. Het is de '1' van de elementen.

De wolken waterstof werden onder invloed van de zwaartekracht compact en bolvormig. Na verloop van tijd werd de druk in het binnenste van zo'n bol zo groot, dat waterstofatomen zo hard werden samengeperst dat ze samensmolten tot heliumatomen, een proces dat kernfusie wordt genoemd. Een heliumatoom is het één-na-simpelste element. Je zou een heliumatoom kunnen beschouwen als een optelsom van twee waterstofatomen, de '2' van de elementen.★

★ *Eigenlijk is het zo dat vier waterstofatomen één Helium-atoom maken, maar als je wilt weten waarom, zul je dieper op de materie in moeten gaan.*

Kernfusie is alsof je twee knikkers zo hard tegen elkaar duwt dat ze één knikker worden. Het gekke is alleen dat die ene grote knikker lichter is dan de twee oorspronkelijke knikkers. Als je waterstofatomen samenperst tot heliumatomen verdwijnt er massa. De verdwenen massa is omgezet in energie, volgens Einsteins beroemde wet:

$$E = mc^2$$

Hierin staat E voor energie, m voor massa (gram) en c voor lichtsnelheid (300.000.000 meter per seconde). De lichtsnelheid in het kwadraat (c^2) is een erg groot getal. Er is daarom maar een beetje massa nodig om veel energie te maken. De energie die het gevolg is van het samenpersen van waterstof tot helium, verdwijnt in de vorm van elektromagnetische golven: licht en gammastraling. Er was na de oerknal een moment dat een waterstofwolk onder invloed van zijn eigen zwaartekracht zo werd samengeperst, dat dit proces op gang kwam en licht begon te geven. Eén voor één verschenen er daarna andere lichtjes in het heelal.

Zwaar in hun element

Een ster is dus te beschouwen als een bolvormige wolk waterstof waarvan de buitenste lagen op de binnenste lagen drukken. Daarom wordt de druk in het inwendige zo groot, dat een voortdurend exploderende waterstofbom in het binnenste van die wolk de waterstof weer naar buiten duwt. Het resultaat is een lichtgevend bolvormig evenwicht: een ster of zon. Als in de kern van de ster de waterstof op is, komt er een nieuw kernfusieproces op gang waarbij heliumatomen samensmelten tot nog weer zwaardere elementen. Dit gaat door tot het element ijzer (rugnummer 26). IJzer is het zwaarste element waarbij nog energie vrijkomt als het door kernfusie wordt gemaakt. Zwaardere elementen zoals goud (79) en lood (82) kunnen niet door kernfusie gemaakt worden.

Supernova

Als in het diepste binnenste van een ster ijzer ontstaat, gebeurt er iets ernstigs. De grote sterrenmotor begint te pruttelen. De naar buiten gerichte druk verdwijnt en de gasbal stort in elkaar onder invloed van de zwaartekracht. Daarbij komt door wrijving, quantummechanische en zwaartekrachtprocessen zo'n energie vrij, dat de ster uit elkaar knalt. Als de ster meer dan acht keer zwaarder is dan onze zon, worden in zo'n supernova-explosie ook de zwaardere metalen zoals goud en lood gevormd. Wat overblijft is een donkere wolk van gruis en gas, met daarin de ruim negentig elementen die wij op aarde kennen.

Uit zo'n wolk is ons zonnestelsel ontstaan. Als je naar je handen kijkt, zie je biologische bouwwerkjes die opgebouwd zijn van het materiaal dat gemaakt is in een gigantische ster, waar onze zon niks bij is. En daarom kun je met een strak gezicht zeggen:

'Gemaakt van sterrenstof. Ontstaan in het hart van een ster.'

Het is een prima tekst voor een geboortekaartje.

En het klinkt ook best poëtisch om tegen een aanstaande moeder te zeggen:

'En de ring die ik in mijn zak heb, is gemaakt van stoffen die zijn ontstaan toen de ster in een machtige explosie van kosmische hartstocht uit elkaar knalde.'

Het is nog waar ook (als je dan tenminste een gouden of zilveren ring in je zak hebt).

Meer informatie: Stardust - John Gribbin of Flash - Govert Schilling

— week 17 —

De Kleine

De baby (17 centimeter, 100 gram) kan nu ook harde geluiden horen en daarvan schrikken. Sommige vrouwen zullen merken dat gelach of genies af en toe wordt beantwoord met een trapje in de buik. Dat is de baby die reageert op haar fratsen. Als je vriendin nog niks voelt, betekent dat niks. Soms duurt dat nog een paar weken.

— **week 17** —

De Grote

Je vriendin ziet er gezond uit. Ze heeft blosjes op haar wangen. Haar organen worden extra goed doorbloed. Ja, ook die organen. Met een beetje mazzel geniet je vriendin extra veel van bepaalde aanrakingen op bepaalde plekken.

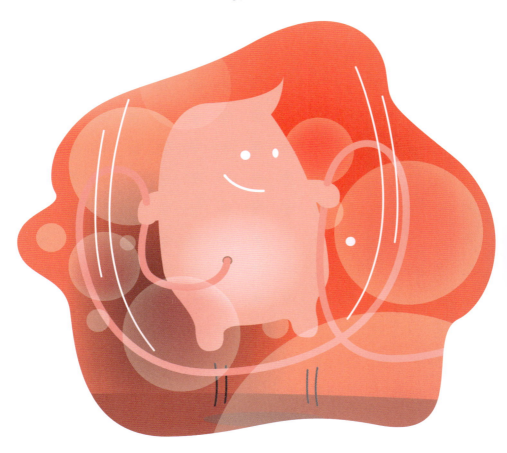

De Kleine

De baby groeit nu hard en is al ongeveer 18 centimeter lang. Het lichaampje haalt wat achterstand in op het enorme hoofd, en de verhoudingen worden steeds meer gelijkgetrokken. De baby komt al in een slaap-waakritme.

—week 18—

De Grote

Hou

haar navel in de gaten. Als hij nog niet naar buiten is geplopt, kan dat nu ieder moment gebeuren. Misschien ben jij wel een van die zeldzame mannen die de navel van zijn vriendin naar buiten ziet ploppen. Je vriendin kan in deze fase van haar zwangerschap last hebben van duizeligheid en kortademigheid. Ook kan ze ineens donkere vlekken op haar huid krijgen. Als ze in de zomer zwanger is, sta er dan op dat ze zonnebrand met een hoge factor gebruikt, om pigmentvlekken in het gezicht te voorkomen. Vooral een pigmentsnor is niet erg charmant bij een vrouw.

— week 19 —

Ware grootte

De Kleine

De verhoudingen van de foetus (20 centimeter) lijken op die van een volgroeide baby. Alle ledematen zullen vanaf nu ongeveer even snel groeien. Als de baby een meisje is, zal ze nu al kleine eierstokjes en eicellen ontwikkelen.

— **week 19** —

De Grote

Je vriendin kan last krijgen van stekende buikpijnen die worden veroorzaakt door het uitrekken van de baarmoeder en de omliggende spieren. Erg onprettig, maar normaal. Realiseer je dat als ze een gemeen stekende pijn voelt, het irritant kan zijn als je nu op een wijsneuzerige dokterstoon vertelt dat dat heel normaal is.

— week 20 —

De Kleine

De baby is nu zo'n 22 centimeter lang. Dit is een belangrijke tijd voor het huidje. De huid van de baby bestaat nu uit twee laagjes. De oppervlaktehuid (epidermis) en de onderhuid (dermis). De baby lijkt te zijn ingesmeerd met een vettige zalf die de huid beschermt en vernix caseosa wordt genoemd. Als het een meisje is, heeft ze nu een vaginaatje en een baarmoeder.

— week 20 —

De Grote
Misschien
dat er rond deze tijd een echo wordt gemaakt. Zorg dat je hierbij bent, want het is heel bijzonder om de baby salto's te zien draaien. Voor veel mannen zal het een moment zijn dat ze zich écht realiseren dat het allemaal geen grapje is; er zit wel degelijk iets in die buik. Daarnaast is het fijn als je met zijn tweeën bent in het geval dat er iets niet helemaal in orde is of niet duidelijk, zodat je allebei hoort wat de verloskundige of echoscopist zegt en je elkaar kunt aanvullen.

JONGEN OF MEISJE?

In week 18 kun je op een echo zien of je een jongen of een meisje krijgt. Maar het geslacht ligt al vanaf de conceptie vast. Jij als man bepaalt het geslacht van de baby.

Of er een jongen of meisje in de buik zit, is afhankelijk van jouw zaadcel. De eicel bevat namelijk altijd een X-chromosoom. De zaadcel bevat óf een X óf een Y-chromosoom. Een bevruchte eicel bevat dus altijd twee X-chromosomen, of een X én een Y-chromosoom. In het eerste geval zal de bevruchte eicel zich ontwikkelen tot meisje en in het tweede tot een jongen. In de eerste zeven weken na de conceptie is er geen verschil in ontwikkeling tussen een jongen en een meisje. Daarna ontstaan teelballetjes in een mannetjesfoetus onder invloed van het XY-chromosomenpaar. Deze balletjes gaan testosteron produceren, en het is onder invloed van dit testosteron dat de balletjes 'uit het lichaam zakken' en er een plassertje groeit.

Hormoonfluctuaties

Het hormoon testosteron veroorzaakt alle wezenlijke verschillen tussen jongens en meisjes. De testosteronspiegel in het lichaam van de zwangere moeder wordt niet alleen bepaald door de testosteron die een jongensbaby produceert. Ook stress van de moeder of roken kan de testosteronspiegel beïnvloeden. De ene foetus staat aan meer testosteron bloot dan de andere. Vandaar dat er jongensachtige meisjes bestaan en meisjes-meisjes. Hoe meer testosteron in de baarmoeder, hoe jongensachtiger het meisje. Door kleine of grotere hormoonfluctuaties tijdens de zwangerschap bestaan er bijna geen meisjes zonder jongensachtige trekjes en jongens zonder meisjesachtige trekjes.

Jongens- en meisjeshersenen

Bij een pasgeboren baby lijken de verschillen tussen jongens en meisjes alleen te bestaan uit het al dan niet aanwezig zijn van balletjes en een plasser. Maar ook de hersenen ontwikkelen zich vanaf de conceptie al anders. Jongenshersenen worden ruimer opgezet dan meisjeshersenen. Ze zijn groter en zwaarder, maar minder compact. Ook de verbinding tussen de hersenhelften ontwikkelt zich onder invloed van testosteron anders. Dat verschil blijkt al snel na de geboorte. Jongensbaby's hebben meer interesse in voorwerpen (zoals een mobile boven de wieg) en meisjesbaby's kijken meer naar gezichten.

Testosteronbad

De kans is groot dat je niet zo goed raad weet met alle vrouwelijke emotie die rond een zwangerschap en een geboorte hangen. Daar hoef je je niet voor te schamen. Kun jij er wat aan doen dat je als foetus maandenlang in een bad van testosteron gelegen hebt? Maar de kans is ook groot dat je de komende tijd wat onvermoede vrouwelijke kanten van jezelf zult ontdekken. Want de testosteronspiegel in dat baarmoederbad was niet altijd even hoog. En ook in jouw hersenen schuilen stukjes 'vrouwelijkheid'.

Meer informatie: Sex And Cognition – Doreen Kimura; Brain Gender – Melissa Hines of The Female Brain – Louann Brizendine

—week 21—

De Kleine

De baby (26 centimeter, 360 gram) begint van het vruchtwater te drinken en dit wordt in de darmen omgezet tot foetuspoep die meconium wordt genoemd. Dit poept hij – als het goed is – pas na de geboorte uit. Je zult niet weten wat je meemaakt. Maar dat komt later.

— **week 21** —

De Grote

Het
is altijd een goed idee om een gezellig dvd-tje mee te nemen voor een lekker avondje thuis. Maar hou de kijkwijzer-informatie goed in de gaten. Neem geen films mee met icoontjes van spinnen of vuistjes. Het beste kun je films uitzoeken waar AL (alle leeftijden) op staat. En dan nog moet je niet raar opkijken als ze de halve film zit te huilen. Anticipeer verder op venijnige opmerkingen. Je hoeft niet veel fout te doen om irritatie op te wekken. Realiseer je dat ze er weinig aan kan doen. Haar lichaam is overgenomen door gierende hormonen. Probeer het op te lossen met humor. Dan kun je in ieder geval zelf nog lachen.

—week 22—

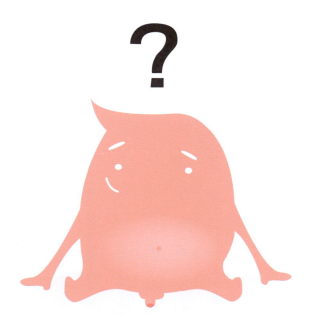

De Kleine

De foetus is nu een echte miniatuurbaby. Precies als een echte baby, met kleine roze lippen, wenkbrauwen en wimpers, maar dan 27-28 centimeter groot. De botten verharden en als je een jongetje hebt, beginnen de balletjes langzaam naar beneden te zakken.

— week 22 —

De Grote

De schopjes van de kleine baby worden steeds beter voelbaar. Het is duidelijk dat de baby zich niets aantrekt van wie dan ook. Hij gaat liggen schoppen als jullie willen gaan slapen en hij zal rustig gaan liggen slapen als jullie behoefte hebben aan een teken van leven. De baby trekt zijn eigen plan. Probeer er maar vast aan te wennen.

— week 23 —

De Kleine

De baby is nu 29 centimeter lang, hij oefent zijn ademhaling en grijpt met zijn kleine knuistjes af en toe de navelstreng vast. De huid is rood en ziet er een beetje uit als die van een grote rozijn. Er is extra ruimte voor het vet dat de komende weken wordt opgeslagen.

—week 23—

De Grote

Misschien
maakt je vriendin zich stiekem zorgen of de baby wel goed genoeg groeit. Maar over de baby hoeft niemand zich eigenlijk zorgen te maken. Als je vriendin te weinig voedingsstoffen binnenkrijgt, is de baby zo slim ze gewoon uit het lichaam van zijn moeder te halen. Als je vriendin te weinig kalk binnenkrijgt, trekt de baby die gewoon uit haar botten. Let daarom een beetje op of je vriendin af en toe melk drinkt, of maak een boterham met kaas voor haar. Als je boodschappen doet, laad je tassen vol met zuivelproducten als yoghurt en alles waar calcium en vitamine D inzit.

De Kleine

De baby is nu 30 centimeter lang en weegt 600 gram. Zijn evenwichtsorgaan begint tot ontwikkeling te komen. Hij krijgt gevoel voor balans en daarmee een heel ander idee van zijn omgeving.

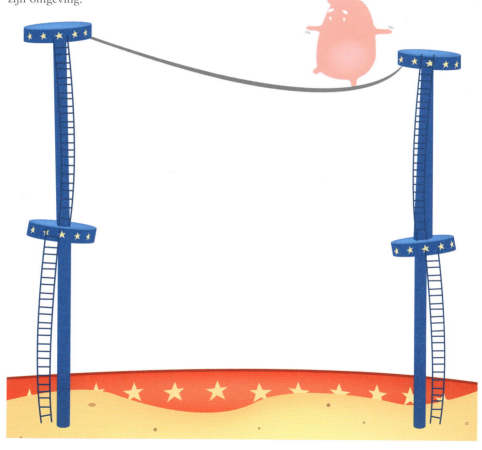

—week 24—

De Grote

Dit is misschien een goed moment om even stil te staan bij de nachtrust. Mensen die zich veel zorgen maken, slapen slecht. En mensen die slecht slapen, maken zich veel zorgen. Het is een kip-ei probleem waarbij de meeste mensen naar de kip kijken, terwijl je ook het ei in de gaten moet houden. Dus zorg dat je goed slaapt. En belangrijker nog: zorg dat zij goed slaapt. Geef stiekem cafeïnevrije koffie als ze gesteld is op een kop koffie na het avondeten. Zet de televisie 's avonds wat eerder uit. Zorg dat de slaapkamer opgeruimd en schoon is en zet een bos verse bloemen neer. Als enig zintuig blijft de neus tijdens de slaap op volle kracht doordraaien. Het is daarom écht zo dat je fijner droomt als het lekker ruikt. En fijne dromen zijn goud waard voor zwangere vrouwen. Bedenk maar eens wat voor nachtmerries jij zou hebben als je een levend parasitair wezen in je buik zou hebben…

ONTWIKKELING VAN DE HERSENEN

Niet alleen erfelijke factoren, ook omgevingsfactoren zijn belangrijk voor de ontwikkeling van de hersenen. Om de babyhersentjes lekker te laten groeien is het van belang je zwangere vriendin goed te eten te geven en zo gelukkig mogelijk te maken.

Hersencellenfabriek

Eigenlijk is het niet te bevatten hoe hersenen zich zo kunnen ontwikkelen dat ze zich op den duur gaan afvragen hoe ze zijn ontstaan. Niettemin zijn sommige hersenen zo ver ontwikkeld dat ze een aardig beeld hebben van hoe deze ontwikkeling plaatsvindt. In het vroege embryo ontstaan ruim twee weken na de bevruchting drie lagen van drie soorten cellen: het ectoderm, het endoderm en het mesoderm. De zenuw- en de hersencellen ontstaan uit het ectoderm, waaruit ook de huid, het haar en de nagels ontstaan. Allereerst ontstaat in het ectoderm een laag cellen die de neurale plaat wordt genoemd. In het midden van deze neurale plaat ontstaat een gleuf, de randen van de plaat krullen naar boven en buigen naar elkaar toe. De neurale plaat rolt zichzelf op tot een neurale buis. Deze neurale buis die als een soort sushirol in het embryo ligt, zal uitgroeien tot het zenuwstelsel en de hersenen.

Foliumzuur

De beide uiteinden van de buis zullen normaal gesproken dichtgroeien. Gebeurt dit niet, dan kan dit leiden tot een spina bifida ('open ruggetje') als de onderkant niet goed dichtgroeit of een baby met een anencefalie ('open schedeltje') als de bovenkant niet goed dichtgroeit. Het blijkt dat erfelijke en omgevingsfactoren van invloed zijn op deze afwijking. Foliumzuur slikken verkleint de kans dat er problemen optreden bij het dichtgroeien. Op de neurale buis ontstaan drie blaasjes, waarop de twee cerebrale hersenhelften en de hersenstam zullen ontstaan. Het eerste en het derde blaasje zullen zich beide weer opdelen tot ieder vijf blaasjes, de oervormen van de uiteindelijke hersengedeelten (de cerebrale hersenhelften, het diencephalon, het middenbrein, de pons, het cerebellum en de medulla oblangata).

Hersencellenfabriek

De binnenkant van de neurale buis ontpopt zich nu tot een hersencellenfabriek. Door celdeling ontstaan er vijftigduizend nieuwe neuronen per seconde. Zenuwcellen delen zich op tot weer nieuwe neuronen. Er ontstaat zo een laag delende zenuwcellen rond de hersenholten aan de binnenkant van de buis. Bij de hersenblaasjes groeit een soort gewei van zenuwcellen waarlangs andere zenuwcellen omhoog klimmen naar de hersenschors. De neuronen die het eerst aankomen vormen de binnenste laag, de neuronen die het laatst aankomen - in de 26e week van de zwangerschap - de buitenste laag.

De hersenschors bestaat uiteindelijk uit zes lagen. Als dit proces niet goed gaat, bijvoorbeeld omdat neuronen niet ver genoeg langs de geweien omhoogklimmen, spreek je van een migratiestoornis. Zo'n migratiestoornis kan tot uiting komen in cognitieve en emotionele stoornissen en bepaalde typen van dyslexie. Hoewel sommige migratiestoornissen een erfelijke oorzaak hebben, kunnen ze ook worden veroorzaakt door alcohol, drugs en medicijngebruik van de moeder tijdens de zwangerschap.

Takken

Als de zenuwcellen hun uiteindelijke positie hebben bereikt, beginnen er uit hun lichaampjes takken te groeien die langer en langer worden en connecties maken met verschillende andere neuronen. De connecties heten synapsen en zijn te beschouwen als elektriciteitsdraadjes die de verschillende cellen met elkaar verbinden. Het vormen van synapsen begint halverwege het tweede trimester en gaat het hele leven door. De vezels die uitgroeien zijn er in twee soorten: de dendrieten die signalen kunnen ontvangen en de axonen die signalen kunnen versturen. Hoe de vezels uitgroeien is niet alleen van genetische factoren afhankelijk. Ook van invloed zijn omgevingsfactoren, zoals de gezondheid, voeding en de mentale staat van de moeder *(zie ook 'Stress en zwangerschap' pagina 92)*. Wil je dat de hersenen van de baby zich goed ontwikkelen, zorg dan goed voor je vriendin.

Myeline

Langs de takken ontstaat ten slotte een laagje myeline, dat is een soort vet, dat ervoor zorgt dat de elektrische signalen die de hersencellen afvuren zich sneller kunnen verplaatsen. De myeline verschijnt kort na de geboorte bij de neuronen die verantwoordelijk zijn voor de tastzin, het reukvermogen en het gehoor. Pas later verschijnt myeline om de neuronen die de complexere associatieve en cognitieve functies regelen. Als allerlaatste worden de hersengedeelten van de prefrontale cortex (plannen en besef van consequenties) gemyeliniseerd, een proces dat doorgaat tot in de vroege volwassenheid. Bij veel mannen lijkt het of dit nooit helemaal goed gebeurt. Met een beter ontwikkelde prefrontale cortex had je dit boekje misschien niet nodig gehad.

Meer informatie over de werking van de hersenen: Ben Ik Dat? - Mark Mieras

Nu gaat het gebeuren. **De** baby is compleet en kicking. Hij kan jullie horen, zien en voelen. **En** jullie kunnen hem horen, zien en voelen. **L**angzaam maar zeker kun je je klaar gaan maken voor de lancering.

— **week 25** —

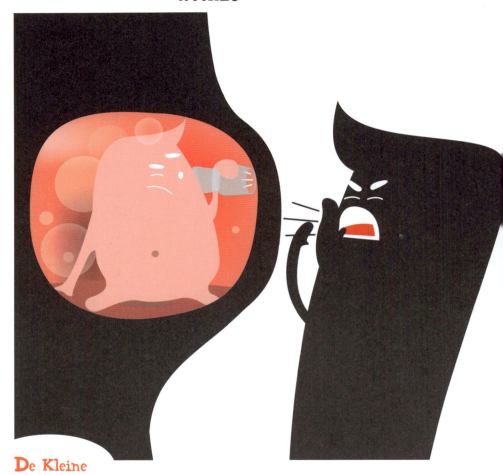

De Kleine

Hij is nu 34 centimeter, zo groot als een ouderwetse langspeelplaat. De baby heeft al gedachten en herinneringen. Hij kan nu niet alleen de stem van zijn moeder, maar ook die van jou herkennen. Hij denkt iets als: 'Hé, die donkerbruine macho-stem heb ik eerder gehoord.'

— week 25 —

De Grote
Veel
vrouwen hebben problemen met het extra gewicht dat ze krijgen. Ze gaan zich bekommeren om de vorm van hun buik en de rest van hun lichaam. Ontstaat er een mooie toeter, of is er eerder sprake van the missing link tussen mens en nijlpaard? Probeer begrip te hebben voor het feit dat ze mooi zwanger wil zijn. Maak geen grappen die verwijzen naar neushoorns, zeekoeien of bultruggen. Ook niet als ze die zelf wel maakt.

— week 26 —

De Kleine

De baby is 36 centimeter lang. De hartslag is gedaald naar zo'n 140 slagen per minuut. De baby kan nu zijn ogen open en dicht doen, maar niet meer zien dan licht en donker. Je kunt nu proberen om met een zaklamp op de zwangere buik te schijnen en wat te zeggen in morse-code.

—week 26—

De Grote

Wat
je kunt doen is jezelf in gedachten (dus niet hardop) afvragen wat nijlpaarden en walvissen prettig vinden, en dat extrapoleren naar je vriendin. In het water liggen, bijvoorbeeld. In het water ben je gewichtloos. Dus als je een bad hebt, laat het maar vollopen met heet water en een geurend kruidentablet. Vaak hebben zwangere vrouwen - doordat hun postuur verandert - ook last van hun rug. En ook daarvoor is een heet bad lekker.

—week 27—

De Kleine

De baby (37 centimeter, 875 gram) begint met behulp van de antilichamen die via de navelstreng binnenkomen een eigen immuunsysteem te bouwen. En hoewel hij of zij nog wel even de tijd heeft, begint de baby zich nu al in een goede startpositie te manoeuvreren voor de geboorte.

— week 27 —

De Grote
Misschien
had je het al in de gaten, maar zwangere vrouwen worden er niet slimmer op. Ze vergeten van alles, slaan wartaal uit en ingewikkelde informatie verwerken lukt ze niet meer. Een van de redenen is het eerder genoemde feit dat zwangere vrouwen vaak niet zo goed meer slapen. Een andere reden is dat de hersengroei van de baby ten koste gaat van de hersenen van de moeder. Doordat de baby veel behoefte heeft aan vetzuren, daalt het vetzuurgehalte van het bloed van de zwangere vrouw. Daardoor komt er minder vetzuur in de moederhersenen terecht. Hersenen van zwangere vrouwen krimpen daardoor met zo'n 8%. Wen er maar aan. In de meeste zwangerschapsboekjes die op de moeder gericht zijn, staat dat de hersenen na de zwangerschap weer herstellen, maar dat staat er waarschijnlijk alleen ter geruststelling van zwangere vrouwen.

—week 28—

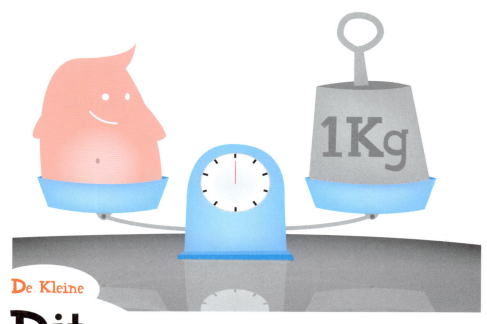

De Kleine

Dit is een belangrijke week. Als de baby nu geboren wordt, is hij of zij levensvatbaar. De baby is nu zo'n 38 centimeter en weegt nu ongeveer 1 kilo. De komende weken zal het gewicht nog drie tot vier keer zo hoog worden. De baby kan het hoofdje al een beetje bewegen en 'ja'-knikken en 'nee'-schudden. Op een gegeven moment zul je je vriendin horen klagen over 'harde buiken'. Dat zijn samentrekkingen van de baarmoederspieren. Zo bereiden ze zich voor op de weeën. Tijdens die oefenweeën voelt de buik hard en strak aan. Het is niet erg pijnlijk, maar wel een vervelend gevoel. Voor de baby is het niet erg. Het voelt waarschijnlijk meer als een warme omhelzing. Hij heeft nog meer dan genoeg ruimte om te bewegen en het doet hem zeker geen pijn.

—week 28—

De Grote
Ben
je het soort man dat denkt dat mooie meisjes glazen knikkers poepen en nooit boeren en scheten laten, dan heb je rond deze tijd waarschijnlijk al veel bijgeleerd. Zwangere vrouwen krijgen in de loop van hun zwangerschap last van de spijsvertering, om het maar wat eufemistisch te zeggen. Door de zwangerschapshormonen is er een minder goede afsluiting tussen de slokdarm en de maag. Maagzuur borrelt makkelijk omhoog. Een bak gefrituurd vlees met sambal en cola is niet het soort eten dat je aan een zwangere vrouw moet geven. Melkproducten, hazelnoten, havervlokken en aardappelen komen al meer in de richting.

STRESS
EN ZWANGERSCHAP

Even wat stress hebben? Daar is niks mis mee. Ook niet als je zwanger bent. Maar je vriendin moet niet lang gestrest blijven. Dat heeft een vervelende invloed op de zwangerschap.

Als je gestrest bent, maak je cortisol aan. Cortisol helpt je in stressvolle situaties alert te zijn. Maar bij zwangere vrouwen is cortisol niet alleen maar goed. Bij langdurig gestreste zwangere vrouwen zorgt cortisol ervoor dat de doorbloeding van de placenta niet optimaal is. Daardoor krijgt de foetus minder voedsel en zuurstof en groeit hij langzamer. Onderzoek toont aan dat kinderen met een laag geboortegewicht vaker last van hart- en vaatziekten en diabetes hebben als ze eenmaal volwassen zijn.

Naast dat de cortisol de doorbloeding slechter maakt, komt het ook via de placenta in de bloedbaan van de foetus terecht. En dat is waarschijnlijk niet goed voor de baby. Bij onderzoek bleek de celdeling in de hippocampus bij rattenfoetussen langzamer te verlopen als cortisol van de moeder via de placenta in het bloed van de foetus terechtkwam. En dan worden er minder hersencellen geproduceerd.

Lager IQ

Ook zijn er aanwijzingen dat kinderen van gestreste moeders een lager IQ hebben dan kinderen die in de buik van de moeder weinig aan stress zijn blootgesteld. Bovendien brengen sommige onderzoekers psychische klachten en ADHD bij het kind in verband met stress tijdens de zwangerschap. Zwangere vrouwen met stress hebben ook nog eens een verhoogde kans op een huilbaby en op kinderen met slaapproblemen.

Wonderen

Stress moet dus vermeden worden. En één van de grootste bronnen van stress bij een zwangere vrouw zijn relatieproblemen. Als er dus één ding is waarmee je je nuttig kunt maken tijdens de zwangerschap, dan is het wel ervoor te zorgen dat je het samen zo gezellig mogelijk hebt. In de praktijk betekent dat vaak dat je goed moet opletten als je vrouw iets tegen je zegt. Als je de draad even kwijt bent, zorg dan dat je haar af en toe aankijkt en af en toe instemmend knikt en gromt.

Om het een zwangere vrouw nog meer naar de zin te maken doet goed schoonmaken ook wonderen. Of helpen met het in orde maken van de babykamer. Als ze iets zegt als: 'En de babykamer is ook nog lang niet klaar', sjees dan even naar de Gamma om een paar emmers vrolijk gekleurde verf op waterbasis in te slaan. En zorg verder dat je gewoon lekker veel thuis bent. Kom vroeg thuis van je werk, sla een voetbaltraining over en ga maar eens een jaartje niet met je oude vrienden op wintersport. Beter dat je baas en je coach stress hebben, dan je vrouw. Zo simpel is het. Trek je pantoffels aan, gooi een cd met vogelgeluiden in de cd-speler en steek een geurkaars aan. Japanners kennen in verband met de zwangerschap het woord Taikyo dat staat voor dingen als: gelukkige gedachten denken, liedjes zingen, de buik aanraken en met de ongeboren baby praten. En dat is misschien wel minder onzinnig dan het lijkt.

Meer informatie over taikyo: www.maternityconcerts.com/taikyo.html

— week 29 —

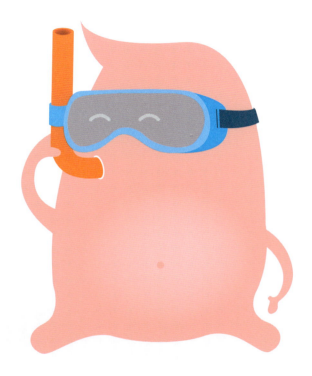

De Kleine

De baby (40 centimeter, 1150 gram) is zo'n beetje klaar. De organen zijn gevormd en de baby kan buiten de baarmoeder ademen. Eigenlijk komt het nu alleen nog op groeien aan.

— week 29 —

De Grote

Een zwangere vrouw transpireert veel, plast vaak en moet dus veel drinken. Zorg daarom dat er altijd wat te drinken klaarstaat. En dan hebben we het niet over kopjes en glaasjes, maar over kannen en flessen. Zet geen kopje, maar een pot thee naast haar neer, of maak een verse smoothie voor haar. Gooi wat sinaasappelsap, bananen en een scheut yoghurt in een blender en laat hem even draaien. Heb je geen blender, dan is dit een mooi moment om er trots een mee naar huis te nemen.

—week 30—

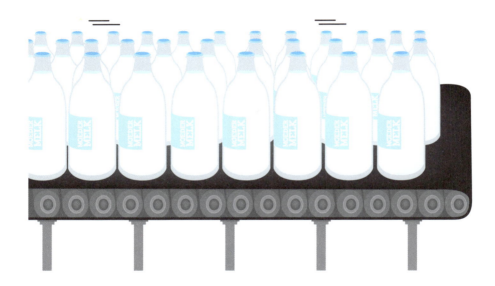

De Kleine

De baby (40 centimeter, 1,3 kilo) groeit nog maar langzaam in de lengte, maar des te meer in gewicht. Hij begint al hormonen te produceren, die ervoor zorgen dat de moedermelkproductie goed op gang komt.

—week 30—

De Grote
Voor

een zwangere vrouw wordt het aan het einde van de zwangerschap steeds moeilijker om lekker te slapen. Ze moet steeds plassen, en met het zware lijf is het steeds lastiger om een fijne slaappositie in te nemen. Het blijkt voor een vrouw het beste om op de linkerzij te liggen, omdat de lever en de nieren dan goed hun werk kunnen blijven doen. Verder is het voor haar comfortabel een paar kussens in de rug of tussen de benen te hebben. Een langwerpig borstvoedingskussen is perfect, en dat komt later mogelijk ook weer van pas. Je maakt een zwangere vrouw ook erg blij met een kersenpitkussen. Dit is een kussen gevuld met kersenpitten dat je in een oven of magnetron warm kunt maken en dat daarna heel lang warm blijft. Dit soort kussens zijn ook in de allerlaatste fase van de zwangerschap, als de zwangere vrouw haar weeën moet opvangen, goed te gebruiken. Maar daarover later meer.

— week 31 —

De Kleine

De baby is 41 centimeter lang en weegt zo'n 1 ½ kilo. Hij heeft een mooi rond buikje. De lever is druk met het produceren van rode bloedcellen. Sommige baby's hebben al een mooie kop met haar. Rond deze tijd begint de baby ook kleine schokjes te maken. Dan heeft hij de hik.

De Grote

Als je vriendin je vraagt om een rottige klus te doen, zoals de bladeren uit de dakgoot halen, het raamkozijn op de eerste verdieping schilderen, of de stofnesten in de hoek van het plafond wegvegen, wees dan alert. Leg je krant opzij, bel je voetbaltraining af en zet je mobieltje uit. Zorg in elk geval dat je snel aan de slag gaat. Niet dat het belangrijk is om je slaafs op te stellen, maar een zwangere vrouw is ontoerekeningsvatbaar als het aankomt op huiselijke klusjes die in haar ogen gedaan moeten worden. Als jij ze niet doet, doet ze ze zelf en zal ze zonder aarzelen een krukje op een stoel op een tafel zetten om balancerend een vochtplek weg te schilderen. Die drang is sterker dan zijzelf.

—week 32—

De Kleine

Is nu om en nabij de 42 centimeter lang en 1,7 kilo zwaar. Het zijn nu nog voornamelijk de longen en het spijsverteringskanaal die tot ontwikkeling moeten komen. De baby gedraagt zich in de buik als een pasgeboren baby buiten de buik. Hij grijpt om zich heen, zuigt op zijn duim en trekt rare gezichten. En de baby begint te dromen. Perioden van REM-slaap wisselen zich af met perioden van niet-REM-slaap.

—week 32—

De Grote Zoals

gezegd doen zwangerschapshormonen niet alleen van alles met het lichaam, maar ook met de geest. Mocht je je ooit hebben afgevraagd waarom die leuke kleine specialistische winkeltjes in de stad allemaal verdwijnen en plaatsmaken voor ratjetoe-winkels waar ze geurkaarsen, broodplanken, kruiden en houten speelgoed verkopen, dan is het antwoord: progesteron. Zwangere vrouwen kopen alles, maar het liefst iets waar een zoetig geurtje aan zit. Een winkel als Dille & Kamille is zwangertopia. Heldere lichten, natuurmaterialen en babyspeelgoed met een eco-keurmerk. De kooplust van zwangere vrouwen heeft ook positieve kanten. Het feit dat je dit boekje in je handen hebt, is er één van. Want laten we wel wezen: jij hebt dit boekje niet zelf gekocht.

—week 33—

De Kleine

De baby is ongeveer 44 centimeter lang en 1,9 kilo zwaar. De vacht van donshaartjes die hem bedekte, verdwijnt nu.

—week 33—

De Grote

Je vriendin heeft interesse in zaken waar jij nog niet aan toe bent. Sterker nog, waar je nog geen seconde aan hebt gedacht. Een goed voorbeeld is de buggy. Dat is een soort multifunctioneel amfibievoertuig waar je een baby in kunt leggen. Je kunt heel goede kinderwagens krijgen voor een heel vriendelijke prijs, maar daar schiet je niks mee op. Je kunt het vergelijken met auto's. Een man rijdt graag in een mooie dure auto, om te laten zien dat het goed met hem gaat. Op dezelfde manier loopt een jonge moeder graag achter een Bugaboo Cameleon. Ze laat zien wat voor moeder ze is en zal makkelijker contact leggen met andere moeders met high-profile kinderwagens. Dat blijkt vrij nauw te luisteren en je moet waarschijnlijk een vrouw zijn om dat echt te begrijpen. En waar de meeste mannen leren om hun dromen te laten varen en vroeg of laat in een Toyota gaan rijden, daar zijn vrouwen onbuigzaam. Voor een vrouw is een mooie buggy veel waard. Als jullie genoeg geld verdienen om je een Bugaboo of gelijksoortige kinderbuggy te kunnen veroorloven, zet dan maar vast stiekem een leuk bedrag opzij. Zolang je het kunt betalen en je je realiseert dat het voor de baby niet belangrijk is, maakt het allemaal niks uit. Belangrijke dingen voor de baby zijn gelukkig gratis: liefde, rust en borstvoeding.

KIP EI PROBLEEM

Mensen zijn er niet ineens. Ze ontwikkelen zich stap voor stap, vanuit een bevruchte eicel. Hoe werkt die celdeling?

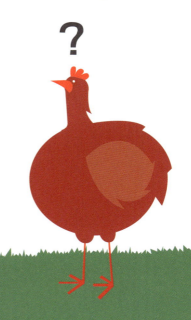

Wat was er eerder: de kip of het ei? Zit er al een heel klein onzichtbaar kippetje in het ei dat langzaam groter wordt, of verandert het binnenste van een ei stap voor stap in een kip? De eerste man die serieus op deze vraag inging, was Aristoteles. Hij onderzocht kippeneieren in verschillende stadia van ontwikkeling en zag hoe het eiwit en het eigeel veranderden in vreemde structuren die zich weer verder ontwikkelden tot kikkervisachtige voorstadia van een kuikentje en ten slotte tot een echt kuikentje. Er was geen piepklein kuikentje dat vanuit het niets steeds groter werd, maar meer een ontstaan van vage structuren en een vreemd organisme dat een langzame metamorfose onderging.

Celdeling

Meercellige organismen zoals mensen zijn er niet ineens. Ze ontwikkelen zich stap voor stap, vanuit een bevruchte eicel. Een zygoot wordt dat genoemd. De zygoot deelt zich in tweeën en nog een keer en nog een keer. Bij deze celdeling deelt eerst de kern met het erfelijk materiaal zich in tweeën en dan de rest van de cel. De twee dochtercellen bevatten dezelfde erfelijke informatie als de moedercel, maar ze zijn niet meer precies hetzelfde. Na één celdeling kunnen de twee nieuwe cellen zich nog allebei ontwikkelen tot een hele baby. Dan krijg je een eeneiige tweeling. Na twee celdelingen komt dit al bijna niet meer voor. Een eeneiige vierling is superzeldzaam.

Een dag of drie na de bevruchting ontstaat er een bol van cellen die de morula wordt genoemd. En weer een paar dagen later ontstaat er een holte in deze bol, die vanaf dat moment een blastocyste heet. De cellen zijn dan grofweg in twee soorten te verdelen. De cellen die later de baby gaan worden, de embryonische stamcellen, en de cellen waaruit de placenta zich gaat ontwikkelen. De tweedeling is definitief. Uit een embryonische stamcel kan zich nog iedere denkbare menselijke cel ontwikkelen (spiercel, hersencel), maar de tweede soort cellen kan zich alleen nog maar ontwikkelen tot placenta, het tussenstation tussen de bloedsomloop van de moeder en die van de baby.

De embryoloog Heinz Christian Pander ontdekte begin 19de eeuw dat zich in het embryo aanvankelijk drie typen cellen ontwikkelen, die zich ordenen tot drie lagen. Het ectoderm, het endoderm en het mesoderm. De cellen in het ectoderm ontwikkelen zich later tot de huid, de nagels, het kraakbeen in de neus, de mond en de anus. De cellen in het endoderm worden het spijsverteringskanaal en de longen en uit de cellen in het mesoderm vormen zich de spiercellen, de botten en het hartweefsel. Vanaf eind 19de eeuw hebben wetenschappers steeds betere technieken ontwikkeld om groepjes cellen en later individuele cellen in hun ontwikkeling te volgen. De belangrijkste ontdekkingen waren dat cellen niet dezelfde vorm houden en ook niet op dezelfde plaats blijven. Sommige cellen zwerven door het embryo.

Hogere machten

Ontwikkelingsbiologen stellen zich al decennia de vraag hoe het kan dat iedere cel op de juiste plaats terechtkomt en de juiste functie ontwikkelt. Hoe weet een cel in het oog dat hij een stukje lens moet worden en hoe weet een cel daarachter dat hij een stukje zenuwcel moet worden om een schakel te kunnen zijn in de verbinding tussen het oog en de hersenen? Hoe weten de cellen waar ze zijn in het lichaam en waar ze zijn ten opzichte van elkaar? En hoe weten cellen dat ze moeten stoppen met delen omdat het orgaan groot genoeg is? Deze vragen lijken bijna niet te beantwoorden zonder een beroep te doen op 'hogere machten'. Toch zijn ontwikkelingsbiologen steeds beter in staat om antwoorden te geven die te maken hebben met de eigenschappen van de verschillende cellen. Cellen met een ruwer oppervlak bewegen anders dan gladde cellen. Wiskundigen kunnen laten zien hoe verschillende interacties tussen verschillende cellen tot het ontstaan van bekende patronen kunnen leiden, zoals de strepen van een zebra, of de bulten op een kies. Daarnaast beïnvloeden cellen elkaar met zogenaamde signaalstoffen. Sommige cellen scheiden stoffen uit die zich door het organisme verplaatsen. Hoe dichter je bij de cel bent, hoe meer van die stoffen langskomen. Afhankelijk hiervan kan een cel 'te weten komen' waar hij zich ten opzichte van deze cellen bevindt, en welke genen geactiveerd moeten worden.

—week34—

De Kleine

De baby is 45 centimeter lang en weegt al meer dan 2 kilo. De huid is nu gevoelig voor temperatuur. Als je een warme hand op de buik legt, kruipt de baby er misschien tegenaan.

—week 34—

De Grote
Zwangere

vrouwen kun je erg blij maken met woonblaadjes met namen als 101 Woonideeën, VT Wonen en Elle Wonen. Ze staan vol ruime huizen waarin witte designstoelen worden gecombineerd met meterslange loungebanken. Op de vloer ligt een kleed van schapenvacht en de grote ramen bieden uitzicht op een ruime tuin. Vaak staat er op de foto ook een vrouw die tevreden kijkt en uitlegt hoe ze voor een habbekrats een oud schoolgebouw heeft gekocht en dat op heeft laten knappen volgens haar eigen briljante inzicht. Veel zwangere vrouwen smullen van dit soort verhalen, waarschijnlijk omdat het de droom in stand houdt dat een groot ruim huis haalbaar is voor slimme ondernemende vrouwen die niet bang zijn om zelf wat op te knappen. En dan zit je bij zwangere vrouwen goed. Ze weten van aanpakken en zetten zo een heel huis opnieuw in de verf. Dit is dan ook meteen de reden waarom je ze misschien beter geen woonblaadjes kunt geven.

—week 35—

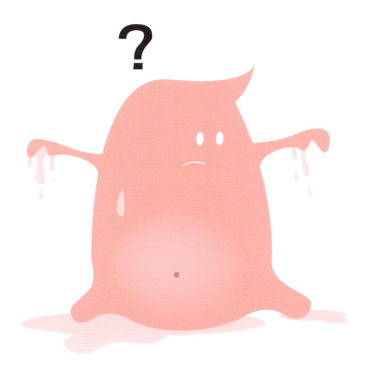

De Kleine

De baby is nog helemaal bedekt met een glibberig wit laagje huidsmeer. Dit zal de komende weken langzaam verdwijnen. De baby heeft al veel kracht in zijn knuistjes. Hij kan iets nu stevig beetpakken.

—week 35—

De Grote
Uit
de tepels van je vriendin kan een waterige vloeistof komen. Colostrum. Dit is een voorstadium van moedermelk. Rond deze tijd is het belangrijk met de verloskundige de bevalling te bespreken. Over twee weken is de baby volgroeid, en het is handig om de details nogmaals door te nemen. Als je vriendin bijvoorbeeld voor de 37 weken een bloedprop zou verliezen, is dat een reden om meteen te bellen, na de 37 weken niet meer. Probeer een beeld te krijgen van wat een bevalling is *(zie ook pagina 126)*. Bereid je erop voor zoals je je voorbereidt op een lange autorit als je op vakantie gaat.

—week 36—

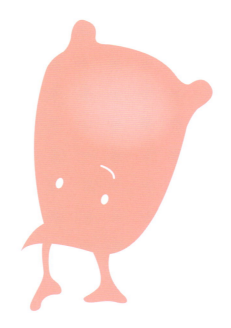

De Kleine

De baby komt nu iedere week 250 gram aan. Als het goed is, ligt hij inmiddels met zijn hoofdje naar beneden. Het wordt waarschijnlijk steeds minder prettig daar. De baby heeft steeds minder ruimte. Als je wilt, kun je de smaakvoorkeuren van de baby nu beïnvloeden. Als je je vriendin nu bijvoorbeeld veel anijs te eten geeft, zal je baby dat later ook lekker gaan vinden. Eet zij nooit anijs, dan zal de baby anijs later zeer waarschijnlijk niet lusten.

—week 36—
De Grote

De baarmoeder drukt tegen de blaas. Steeds vaker zullen er vreemde pijntjes optreden, zoals bandenpijn of 'harde buiken'. In iedere zwangerschap komt een moment van paniek voor. Angstige ogen en zorgelijke teksten. 'Zou het wel goed gaan?' 'Deze pijn is niet goed.' Als de angstige blik langer dan een paar tellen aanhoudt, is het een mooi moment om te veranderen van 'een jongen die niet om ieder wissewasje de dokter belt' in 'een man die snel de verloskundige aan de lijn heeft'. Zeg niet: 'Laten we het even aankijken tot morgen', maar pak gewoon de telefoon. Ook 's nachts of in het weekend kun je bellen. Je hoeft nergens bang voor te zijn. Bij alles wat met baby's te maken heeft, zijn verloskundigen heel geduldig en meelevend. En het is heerlijk voor je vriendin als je even belt en haar vervolgens met een verloskundige aan de andere kant van de lijn gerust kunt stellen. Als die voorstelt om het 'even aan te kijken', en je vriendin blijft het gevoel houden dat het helemaal niet goed zit, bel dan gewoon nog een keer, of zet haar in de auto en neem haar mee voor een ritje naar de Spoedeisende Hulp in het ziekenhuis. Baat het niet, dan schaadt het niet. En niemand zal je recht in je gezicht uitlachen.* Aan het einde van de zwangerschap hoort een zwangere vrouw de baby iedere dag te voelen. Twijfelt ze, pak dan ook de telefoon.

* Als je toch bang bent een modderfiguur te slaan, dan is '1000 vragen over de 9 maanden' van Uitgeverij Spectrum een fijn boek dat veel bezorgdheid weg kan nemen.

WOORDENBOEK ZWANGERS-NEDERLANDS

Als vrouwen zwanger zijn, gaan ze veel telefoneren en rare woorden gebruiken. 'Zwangers' klinkt ongeveer zo: 'Even de ingeknipte perineum aanleggen want de cervix heeft colostrum gestript en de prematuur getoucheerd. Ik schoot zo in een toeschietreflex. Helemaal uitgescheurd.'

- *A TERME* – Latijn voor uitgerekende datum.

- *AANKLEEDKUSSEN* – Een speciaal kussen waarop je de baby kunt aan- en uitkleden. Er is niet echt een reden waarom dit op een speciaal aankleedkussen moet gebeuren. Het heeft niet veel zin om dit aan een zwangere vrouw te vertellen.

- *AANLEGGEN* – Als in: de baby aan de borst leggen. Een ervaren moeder geeft de baby geen borst, maar legt een baby aan.

- *APGAR-SCORE* – De punten die de baby – direct na de geboorte en een minuut of vijf later – scoort voor de ademhaling, hartfrequentie, kleur van de huid, reflexen en spierspanning.

- *BAARKRUK* – Niet te verwarren met een barkruk, behalve dan dat je er op kunt zitten. Het is meer te vergelijken met een toiletbril op poten.

- **BEKKENBODEMSPIEREN** – Stel je voor dat je heel erge diarree hebt, maar dat je veel moeite doet om je nieuwe onderbroek schoon te houden. De spieren die je dan gebruikt heten bekkenbodemspieren.

- **BOXPAKJE** – Rompertje met lange mouwen en pijpen. Let goed op de sluiting; zonder drukknoopjes in het kruis, heb je er niks aan.

- **CERVIX** – Baarmoedermond.

- **COLOSTRUM** – De eerste melk die na de geboorte uit de moederborsten komt. Deze melk bevat veel antistoffen tegen ziektes en heeft een hoge voedingswaarde.

- **FOLIUMZUUR** – Ook wel vitamine B11 genoemd, belangrijk voor de aanmaak van nieuwe lichaamcellen. Foliumzuur verkleint de kans op een baby met afwijking aan ruggenmerg of hersenen.

- **FONTANEL** – Zachte gedeelten tussen de beenderen van de schedel van een pasgeboren baby.

- **HYDROFIELE LUIER** – Vierkante katoenen luier. Deze luier is herkenbaar aan het ingeweven ruitjesmotief, en wordt nog maar zelden gebruikt als luier. Je kunt hem op de bank neerleggen als je daarop een luier wilt verschonen, of op de schouder van je dure pak als je de baby vasthoudt. Want baby's willen nog wel eens wat melk 'terug geven'.

- **INLEIDEN** – Met een infuus of een gel wordt een weeënstimulerend middel toegediend, dat de bevalling opwekt en/of versnelt.

- **INSCHEUREN** – Tijdens de bevalling kan het voorkomen dat de vrouw zo hard perst dat er iets scheurt.

- **KNIP** - De knip zit daar waar geknipt is. Bij de bevalling zet de verloskundige soms met een schaar een knip om de bevalling iets makkelijker te maken.

- **KOMEN** - Eufemisme voor oude marteltechniek: slaapdeprivatie. Als jij net slaapt, wordt de baby wakker van de honger en begint te schreeuwen. Dan 'komt' de baby (om melk).

- **MAXI COSI** - Autostoeltje met riemen.

- **LISTERIOSE** - Infectie met de listeria-bacterie, die zich vooral ophoudt in rauwe producten die niet vers zijn.

- **MECONIUM** - Groenzwarte substantie die darmslijm, darmcellen, ingeslikt vruchtwater met donsharen en huidvet bevat. Meconium is de allereerste ontlasting en ziet eruit als teer. Zeer taai en moeilijk te verwijderen.

- **OXYTOCINE** - Weeënopwekkend hormoon.

- **PERINEUM** - Huid tussen vagina en anus.

- **PREMATUUR** - Te vroeg geboren.

- **PLACENTA** - Moederkoek.

- **PERSDRANG** - Drang om de baby 'uit te poepen'.

- **ROMPERTJE** - Baby-ondergoed. Een hemdje-en-onderbroekje aan elkaar met drie drukknoopjes tussen de benen. In theorie handig bij het verschonen, behalve als er poep langs de luier lekt (iets dat vaak voor zal komen) dan wordt het rompertje ook vies en met het rompertje de hele baby, omdat de romper over het hoofd moet worden uitgetrokken.

- **STRIPPEN** – Strippen is een manier om de bevalling op gang te brengen. De verloskundige of gynaecoloog probeert bij de baarmoedermond de vliezen wat los te 'woelen' in de hoop dat er iets op gang komt. Dit kan alleen als de baarmoedermond al wat openstaat.

- **TOUCHEREN** – Inwendig onderzoek.

- **TOESCHIETREFLEX** – Als een vrouw die borstvoeding geeft een baby hoort huilen, kan het gebeuren dat de melk spontaan toeschiet.

- **TUMMY TUB** – Een babybadje in de vorm van een emmer, van stevig plastic.

- **UTERUS** – Baarmoeder.

- **UITSCHEUREN** – Zie 'inscheuren'. Als je flink inscheurt, ben je uitgescheurd.

- **VACUÜMPOMP** – Als de baby er niet makkelijk uitkomt, plaatst de gynaecoloog soms een kapje op het hoofd van de baby. Een vacuümpomp zuigt dat kapje vacuüm, zodat het aan het hoofdje vastzit. Aan het kapje zit een kettinkje en daaraan kan de gynaecoloog trekken bij iedere perswee, zodat de baby er wat makkelijk uit komt.

- **ZWANGERSCHAPSDEMENTIE** – Verwarde toestand die altijd tijdens de zwangerschap begint.

—week 37—

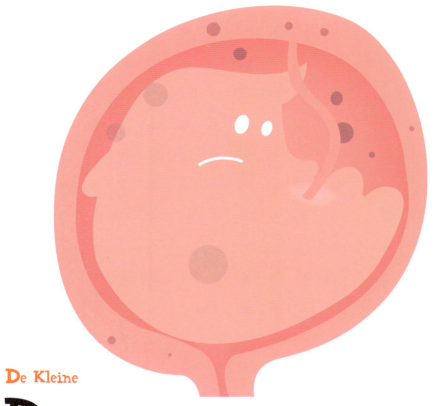

De Kleine

De trapjes van de baby veranderen in geschuifel. De bewegingen worden minder, omdat er minder ruimte is om te bewegen. Eigenlijk is de baby helemaal klaar. Als hij nu wordt geboren, heeft hij meestal geen extra zorg nodig.

— week 37 —

De Grote Het

Het is normaal als een zwangere vrouw de zenuwen krijgt van het idee dat ze op zichzelf is aangewezen als de weeën beginnen. Stel dat de hele poppenkast begint, en jij bent onbereikbaar. Ze zal het je misschien een keer vergeven tegen de tijd dat jullie vijf kinderen hebben. Maar zeker als het jullie eerste is, zorg er dan voor dat je de telefoon zo afstelt dat je hem te allen tijde hoort. Zet je hem normaal gesproken uit tijdens een belangrijke vergadering, laat hem nu lekker aanstaan. Wat kan jou het schelen.

—week 38—

De Kleine

De nageltjes kunnen al best lang zijn. Sommige kinderen komen met krasjes in hun gezicht ter wereld, omdat ze zichzelf in de baarmoeder hebben gekrabd.

—week 38—

De Grote Echt

voorbereiden op de bevalling kun je je misschien niet. Iedere bevalling is weer een beetje anders en je weet niet hoe het loopt. Hou je buiten de discussie 'ruggenprik versus natuurlijk bevallen'. Een zwangere vrouw heeft altijd het laatste woord. Wil ze een ruggenprik, bespreek dan met de verloskundige hoe je dat voor elkaar krijgt. Want niet in alle ziekenhuizen krijg je er zomaar één. Wil je vriendin graag een tantrische bevalling inclusief esoterische ademhalingsoefeningen en yoga, maak haar niet belachelijk. Een vrouw die zichzelf met oefeningen in een meditatieve staat kan krijgen, is goud waard tijdens een bevalling. Wil ze dat je meegaat naar zwangerschapsyoga, ga dan mee naar zwangerschapsyoga en doe lekker mee. Dat levert een goed verhaal op. Probeer wat op te steken van de ademhalingsoefeningen. Niemand zit te wachten op een vader die op het moment suprême een paniekaanval krijgt.

—week 39—

De Kleine

Een week voor de geboorte zakt het hoofdje van de baby in het bekken van zijn moeder. De baby (51 centimeter) is klaar voor de start.

De Grote

Je vriendin begint waarschijnlijk langzaamaan een beetje genoeg te krijgen van die hele zwangerschap. Iedere dag kan de baby komen. Maar het kan ook nog rustig twee weken duren. Dit vraagt van de aanstaande moeder soms een bijna onmenselijk geduld. Veel zullen dan ook flink de pest in krijgen. Als er plotseling vreemde artikelen in de koelkast verschijnen, dan is de kans groot dat het te maken heeft met een gouden tip van een vriendin of een toevallige voorbijganger. Ananashart, tonic en frambozenthee wekken volgens sommigen gegarandeerd weeën op. Als je tegen een vrouw in haar 40ste week zegt dat het eten van bleekselderij de bevalling op gang brengt, dan hakt ze zo een hele stronk naar binnen. Het goede nieuws is dat er in het mannelijke sperma ook een stofje zou zitten dat de weeën op kan wekken. En ook een orgasme kan een eerste wee triggeren. Seks tijdens de zwangerschap kan geen kwaad, dus dat komt mooi uit. Wees wel wat voorzichtig met haar borsten, dat is geen speelgoed meer. Tenminste, niet meer voor jou.

— week 40 —

De Kleine

Okay
, de baby is klaar. Hij mag komen. Veel baby's denken daar echter anders over. Deskundigen gaan ervan uit dat de baby bepaalt wanneer de bevalling gaat beginnen. In het kort gezegd produceert de baby hormonen, zoals het corticotropin-releasing hormoon (CRH) dat ervoor zorgt dat er meer oestradiol (een oestrogeen) in de placenta komt. Is er op een gegeven moment meer oestradiol dan progesteron, dan begint de bevalling. Maar dat is dus kort samengevat; een bevalling is een ingewikkeld samenspel van veel verschillende hormonen en veel ervan is nog onduidelijk.

—week 40—

De Grote
Idem als vorige week.

Als ze begint te kreunen, en tien minuten later weer, en tien minuten daarna weer, dan is de bevalling waarschijnlijk begonnen. Ligt ze om de vijf minuten een minuut lang te schreeuwen, dan is het tijd om de verloskundige te bellen. Dit zijn de ontsluitingsweeën, en de rekensom die verloskundigen maken is dat de baarmoedermond zich vanaf dat moment bij een eerste bevalling met een centimeter per uur opent. Dus er zijn nog tien uur te gaan. Maar het kan ook sneller gaan. Ligt je vriendin op een gegeven moment te loeien, met een diep geluid vanuit haar keel, en de verloskundige is er nog niet, bestudeer dan nog even snel het kader 'Als de verloskundige te laat is...' bij 'De bevalling' *(pagina 135)*. Als de baby weigert om eruit te komen en meer dan tien dagen 'over tijd' is, volgt er vaak een consult in het ziekenhuis om te controleren of de baby het nog prettig heeft. Is dat niet zo, dan wordt de bevalling kunstmatig op gang geholpen.

DE BEVALLING!

De meeste mannen denken aan de bevalling als aan één gebeurtenis. Dat klopt niet. Een bevalling bestaat uit drie gebeurtenissen. Eerst de ontsluiting, dan de geboorte en wanneer je denkt dat je alles hebt gehad, is het tijd voor de nageboorte.

1. De Ontsluiting

Voordat de baby op de wereld kan komen, moet de baarmoedermond zich openen. Dit noemen ze in bevallingsjargon: ontsluiting. Als de opening van de baarmoeder één centimeter groot is, dan noemen ze dat 'één centimeter ontsluiting'. Eén centimeter ontsluiting is een goed begin, maar stelt nog niet zo veel voor. Het doel is tien centimeter, of volledige ontsluiting. Dat wil zeggen dat de baarmoedermond niet verder meer open kan.

Strippen

Het is niet zo dat de baarmoedermond zomaar even open floept. Allereerst zit er een slijmprop voor de baarmoedermond. Dat klinkt een beetje vies en dat is het misschien ook wel. Als de slijmprop loslaat en bijvoorbeeld ineens in het toilet ligt, kan dat een aanwijzing zijn dat de bevalling op gang komt. Maar dat hoeft niet per se. Misschien is er wel een bezoek aan de verloskundige aan voorafgegaan, die met haar hand even 'gevoeld' heeft of de baarmoedermond al is verweekt. Als de zwangerschap over de veertig weken is, kan de verloskundige op deze manier ook de bevalling op gang proberen te brengen door de baarmoedermond van de vliezen 'los te scheuren'. Strippen noemen ze dat. 'Als je wilt kan ik je even strippen', zegt de verloskundige dan tegen je vriendin. 'Ja, doe maar', zegt een vrouw dan meestal.

Weeën

Als de slijmprop weg is, komt het openingsproces op gang. Het is het lelijkste gedeelte van de zwangerschap. De baarmoeder trekt samen om de baarmoedermond steeds een stukje verder open te ritsen. Dit samentrekken wordt een wee genoemd. En de naam zegt het al: weeën doen pijn. In het begin van de wee valt het nog wel mee, maar dan zwelt en zwelt de pijn tot grote hoogten. Als het de eerste bevalling is, is de kans groot dat je je vriendin nooit eerder zo veel pijn hebt zien lijden. Ze trekt haar gezicht in vreemde grimassen. Ze kreunt en schreeuwt soms.

Ontsluitingsfase

In het begin zit er veel tijd tussen de verschillende weeën. Soms wel een uur. Maar op een gegeven moment komen ze om het half uur, dan om de twintig minuten en later om de tien minuten. Als de weeën om de vijf minuten komen en langer dan een minuut lang aanhouden, is de ontsluitingsfase echt begonnen. Dan moet je de verloskundige bellen. Dat is het telefoonnummer dat je honderd keer uitgeprint hebt en dat overal in huis op de muur is geplakt. Waarschijnlijk heb je het ook al een paar keer in je telefoongeheugen gezet. De kans is groot dat de verloskundige niet binnen vijf, niet binnen tien, niet binnen twintig minuten op de stoep staat en een lichte paniek je overmeestert. En het wordt nog erger. Als jij dolblij bent dat ze er eindelijk is, voor jouw gevoel net op tijd omdat je vriendin ligt te schreeuwen als een aap, zal de verloskundige droogjes een plastic handschoen aantrekken. Even de ontsluiting 'checken', iets onduidelijks mompelen en weer vertrekken. Waarschijnlijk zal ze zeggen dat je nog een keer moet bellen als de weeën heel kort na elkaar komen, met maar een paar minuten ertussen.

Kies

Daar zit je dan weer, met een vrouw die geluiden maakt alsof er iedere vijf minuten een kies wordt getrokken zonder verdoving. Dit is het moment om te laten zien wat je waard bent. De kunst is om onzichtbaar aanwezig te zijn. Probeer je in te leven in iemand die veel pijn heeft, niet weet waar zij het zoeken moet en verlichting probeert te vinden. Je vriendin zal op het bed gaan liggen kermen en vervolgens, tussen twee weeën door, de bank opzoeken. Om te kijken of ze op de bank een betere houding kan vinden om de volgende wee te doorstaan.

Weeënopvangparadijs

Je helpt haar niet door haar op een meter afstand met een bezorgd gezicht en tranen in de ogen te volgen. Sterker nog, dat zal haar ernstig op de zenuwen gaan werken. Probeer daarom op een constructieve manier te helpen. Denk mee over pijnopvang-hoekjes en mogelijkheden. Maak een groot weeënopvangparadijs van je huis. Zet de verwarming lekker hoog als het winter is. Laat het bad vollopen met warm water, zet de douche aan, maak een paar warme kruiken en leg die op bed. Hoe minder warmte het lichaam zelf hoeft te produceren, hoe meer energie er overblijft voor de bevalling zelf. Dit is ook een belangrijke reden dat sommige vrouwen kiezen voor een bevalling in een grote badkuip, die je speciaal kunt huren. In het warme water is het makkelijker te ontspannen en maakt het lichaam naar verluid ook makkelijker endorfine aan, de natuurlijke pijnstiller.

IJsberen

Probeer zo onzichtbaar en onhoorbaar mogelijk te zijn als je vriendin het zwaar heeft met het opvangen van de weeën. Ga niet zenuwachtig met je voeten zitten tikken, ga niet lopen ijsberen. En trek het je niet aan als je vriendin je sissend wegstuurt. Zo zou je zelf ook doen. Als je veel pijn hebt, ben je soms het liefst alleen.

Als de weeën heel snel achter elkaar komen, bel dan weer de verloskundige. De kans is opnieuw groot dat ze niet meteen op de stoep staat, dus bereid je voor op nog een paar zenuwachtige minuten. Zolang je vriendin ligt te kermen van de pijn, is er niet zo veel aan de hand. Dan ligt ze de weeën op te vangen. Wanneer ze begint te brullen als een leeuw, te loeien als een koe of te grunten als een death-metalzanger betekent dat waarschijnlijk dat de persweeën op gang komen. Als je niet zeker weet of ze loeit of brult, dan is het nog niet zover. Dat verschil hoor je wel. Je vriendin krijgt een diepe drang om de baby uit haar lijf te persen, vergelijkbaar met heel nodig poepen. 'Ik hou het niet meer', roept ze misschien. Is de verloskundige er nog niet, dan is het een goed idee om haar nog eens te bellen en precies te beschrijven wat je ziet en wat je hoort. De verloskundige zal dan in ieder geval moeite doen om echt snel op de stoep te staan.

Flatsj

Ergens in dit hele ontsluitingsproces en ook daarvoor al, kan het zijn dat de vliezen breken. Flatsj, het hele bed nat, of misschien wel de nieuwe bank. Niks aan te doen. Vruchtwater moet helder zijn. In de zwangerschapsboeken staat dat het een zoete amandelachtige geur heeft. Als je iets ruikt dat ongeveer aan die beschrijving zou kunnen voldoen, is het waarschijnlijk allemaal in orde. Het kan ook zijn dat het vruchtwater bruinzwart of groenzwart is. Dat betekent dat de baby in het vruchtwater gepoept heeft. Het is slim om dit meteen tegen de verloskundige te zeggen omdat het kan betekenen dat de baby het benauwd heeft (4% van de gevallen). Dit is een reden om naar het ziekenhuis te vertrekken (als je daar nog niet bent), zodat de hartslag van de baby in de gaten gehouden kan worden met een hartritmeapparaat. Waarschijnlijker is het dat de baby ongeduldig is en eruit wil. Soms is er dan ook geen tijd meer om naar het ziekenhuis te vertrekken.

2. De Bevalling

En dan gaat het echt beginnen. De verloskundige is er en je moet niet raar op staan te kijken als er plotseling een onbekend iemand in je huis staat. Negenennegentig van de honderd keer is dat een vrouw. Dat is de kraamhulp, die ga je de dagen erna vaker zien. De verloskundige marcheert ondertussen als een generaal door het huis om alle hoeken en gaten te inspecteren. Hoe de trap eruitziet, hoe groot de ramen zijn, waar de vluchtwegen zijn.

Hoe mooi je het bed ook hebt verhoogd, en hoe goed je alles ook mag hebben voorbereid, als de verloskundige zegt dat er beneden in de huiskamer bevallen gaat worden, dan gebeurt dat. En als ze zegt dat de tafel het bed wordt, loop jij naar boven om een matras te halen en dat op de tafel te leggen. Vanaf nu zit je in een soort computerspel. Een role-playing-game. En jouw rol is die van manusje-van-alles dat makkelijke klusjes op kan knappen. Zegt iemand 'handdoeken' tegen je, dan haal je handdoeken . Zegt iemand 'vuilniszakken', dan haal je vuilniszakken.

Loeien

Je vriendin ligt ondertussen te loeien. Ze zal misschien af en toe naar je kijken. Als ze wil dat je bij haar komt zitten, ga bij haar zitten. Een beetje afhankelijk van de manier waarop de baby geboren wordt (liggend, hurkend, hangend, staand of zittend) zal je een taak toebedeeld krijgen in de ondersteunende sfeer. Misschien dat je achter haar mag zitten om haar wat tegenwicht te geven. Waarschijnlijk om te voorkomen dat je er apathisch bij blijft staan als een konijn dat in de koplampen van een jagersauto tuurt. Want je vriendin zal brullen, loeien en schreeuwen zoals je nog nooit iemand hebt horen schreeuwen. De verloskundige zit ernaast en coacht je vriendin erdoorheen. 'Je doet het goed, ja, persen maar! Wat kan jij persen, zeg... Goedemorgen!'

Appel

Deze fase kan even duren, zeker in je beleving. Er gebeurt intussen van alles tussen die benen. Er stroomt bloed, vruchtwater en ook van een beetje poep moet je niet vies zijn. En dan plotseling verschijnt er een krent ter grootte van een grote appel. Het ziet er echt niet okay uit, maar daar moet je niet van schrikken. De krent komt bij iedere perswee iets verder naar buiten. Als het hoofdje tussen de weeën door niet meer terug floept, dan zal de verloskundige als een sergeant de veelbetekenende woorden roepen: 'Het hoofdje staat'. Het ergste is dan achter de rug. Nu hoeft je vriendin nog maar een paar keer goed te persen en zal de baby er als een zak met palingen uit flubberen. De baby gaat huilen en begint adem te halen met zijn longen. De verloskundige telt de teentjes en vingertjes en test de reflexen. Dan legt ze de baby op de buik van de moeder. Een magisch moment voor klein en groot. De temperatuur van de moederhuid past zich aan om de baby lekker warm te houden. En daar wordt de baby heerlijk rustig van.

Kus

De kans is groot dat je dit alles in een lichte shocktoestand meemaakt en niet meer weet wat je voelt of wat je denkt. Probeer niet te vergeten om je vriendin een kus te geven en goed te kijken naar je kind. En vooral te onthouden wat er allemaal gebeurt. Wat de verloskundige zegt. Wat de kraamverzorgster doet (waarschijnlijk foto's maken). Laten we wel wezen, het is een bijzonder moment. En belangrijker nog: je vriendin zal dit moment de komende dagen meerdere malen van minuut tot minuut met je willen doornemen (maar daarover later meer). Op dit moment krijgt ze niet alles mee, of ze ziet het door een psychedelische bril. Ze zal er groggy of als een verliefde klont bij liggen, en jij kunt haar als je goed op blijft letten straks veel leuke details vertellen.

De verloskundige zal de navelstreng met een soort wasknijper afknellen en wachten tot die is uitgeklopt. De hartslag van de baby kun je nog voelen als je de navelstreng tussen duim en wijsvinger vasthoudt. Dan zal de verloskundige je een schaar aanbieden om de navelstreng door te knippen. Dat voelt alsof je een stukje kraakbeen van een kip doorknipt.

3. De Nageboorte

Waarschijnlijk zul je al een tijdje gefantaseerd hebben over het grote moment. Het grote slotstuk op de zwangerschap. Maar je bent in je fantasie waarschijnlijk één belangrijk element vergeten: de nageboorte. Als de baby geboren is, is het feest nog niet afgelopen. De placenta moet ook nog uit het lichaam en die wordt op dezelfde manier geboren als een baby. Inclusief weeën.

Platvis

Als alles een beetje voorspoedig verloopt, floept er na nog een tijdje persen een soort dikke vleeskleurige platvis naar buiten. De verloskundige zal hem aan zijn staart optillen en aan je vrouw laten zien. 'Kijk, dit is hem dan.' Je moet niet raar opkijken als je vriendin met vreemde verliefde ogen dromerig naar de placenta kijkt en zegt: 'Oooh wat mooi.' Tijdens een bevalling komen er, door de pijn van de weeën, endorfineachtige stoffen vrij die ervoor zorgen dat je vriendin net even wat anders tegen de wereld, inclusief placenta, aankijkt dan jij. Het komt er ongeveer op neer dat ze voorlopig even alles mooi vindt. En zeker wat uit haar lichaam komt.

Muts

Als het allemaal goed afgelopen is, ontstaat er een beetje een giechelige sfeer. Iedereen gaat wat staan grinniken en net doen alsof de baby begrijpt wat mensen tegen hem zeggen. 'Hallo, dat heb jij goed gedaan', of: 'Jij wilde nog even binnen blijven, hè?' Probeer daar niet te veel in mee te gaan. Mannelijke humor wordt rond de geboorte meestal niet hoog gewaardeerd. Dan krijgt de baby een mutsje op en zijn eerste luier om. Als hij borstvoeding krijgt, is het belangrijk dat de baby binnen een uur aan de moederborst ligt. Vaak moet de verloskundige ook nog een en ander hechten bij je vriendin. Als het allemaal achter de rug is, is de kans groot dat jij je realiseert dat je eigenlijk wel honger hebt. Je hebt namelijk al een tijdje niks gegeten.

Ziekenhuistasje

Als jullie ervoor gekozen hebben om in het ziekenhuis te bevallen, dan zullen jullie naar het ziekenhuis vertrekken als de weeën langzaam op gang komen. De rest van de bevalling zal hetzelfde verlopen als wanneer je thuis bevalt. Het is handig als je niet nog een tas hoeft in te pakken als je stijf van de zenuwen in de auto naar het ziekenhuis vertrekt.

In dat ziekenhuistasje moeten zitten:
- *een mutsje*
- *een rompertje*
- *kleertjes voor de baby*
- *pyjama voor de grote*
- *schone onderbroek*
- *schone voedingsbeha*
- *de papieren van de verloskundige*
- *zwangerschapskaart*
- *ponsplaatje*
- *verzekeringspasje*
- *identiteitsbewijs*
- *fototoestel en/of videocamera*

Maak dit tasje ook als je van plan bent om thuis te bevallen. In sommige gevallen (als de baby bijvoorbeeld in het vruchtwater heeft gepoept) zal de verloskundige waarschijnlijk voorstellen om de bevalling in het ziekenhuis voort te zetten. Ook kan het zo zijn dat je vriendin veel bloed verloren heeft of dat de nageboorte niet goed loslaat. Dan zal de hele familie alsnog naar het ziekenhuis vertrekken. En als je op dat moment een tasje in moet pakken, geloof dan maar dat er weinig zinnigs in terechtkomt. Vergeet trouwens ook de maxi cosi, het baby-autozitje niet. Anders is het lastig de baby met de auto mee naar huis te vervoeren.

DIY: Als de verloskundige te laat is...

Een bevalling is even natuurlijk als eten, drinken of poepen. In principe kan dat prima zonder verloskundige erbij. Je vriendin gaat echt wel persen als de persweeën op gang komen. En de kans is groot dat ze die baby er dan uit perst. Met of zonder verloskundige.

Stel nu dat het jou overkomt dat de verloskundige te laat is, dan moet jij haar rol overnemen. En dat is nu zo'n moment waarop die yoga-ademhalingsoefeningen goed van pas komen. Blijf rustig. Bel de verloskundige nog een keer, als ze al niet weet wat er aan de hand is. Zet de voordeur op een kier, zodat ze binnen kan komen. Laat je vriendin gaan liggen op het celstofmatje uit het kraampakket. Als het even kan op het bed, maar op de vloer kan ook. Leg een deken of een stel handdoeken neer waarop ze kan liggen. Zorg dat de onderkleding uit is. Als je het hoofdje van de baby nog niet ziet, laat haar dan zo veel mogelijk puffen. Het kan zijn dat ze persdrang heeft, maar dat de ontsluiting nog niet volledig is. Word niet boos als het puffen niet lukt. Probeer contact te houden met je vriendin en zeg wat je ziet gebeuren.

Schoudertjes

Zie je het hoofdje wel komen, laat haar dan iedere keer meepersen als er een wee komt. Als de wee weg is, laat haar dan rustig in- en uitademen. Schrik niet als het hoofd 'staat', en dus niet meer teruggaat na een wee. Wanneer het hoofdje er helemaal uit is, voel dan of de navelstreng om het nekje zit. Als dat zo is, haal deze dan over het hoofd. Zeg tegen je vriendin dat ze haar benen goed open en wijd houdt. Leg je handen over de oren van de baby en duw het hoofd richting de grond, zodat de bovenste schouder tevoorschijn komt. Als je het schoudertje tevoorschijn ziet komen, breng dan het hoofdje naar boven zodat de andere schouder verschijnt. Vaak gaat dit vanzelf. Trek nooit aan het hoofdje. Als de schouders eruit zijn, glibbert de baby er meestal vanzelf uit. Leg de baby vervolgens meteen op de blote buik van je vriendin en droog hem goed af. Eerst het hoofd, omdat dat de meeste warmte verliest. Leg een droge handdoek over de baby en doe de baby een mutsje op. Neem nu even de tijd om van de schrik te bekomen en de baby te bekijken. Als de verloskundige er nog steeds niet is, bel haar dan en vraag haar hoelang het nog gaat duren.

EN NU BEN JE VADER...

Hier was alle opwinding dus om te doen. De baby is geboren. En wat nu?

NA DE BEVALLING

Na de geboorte breekt er een drukke tijd aan voor jou als man. Je moet de baby aangeven bij de burgerlijke stand, de geboortekaartjes versturen, de telefoon aannemen en koffie zetten voor het bezoek. Je zult merken dat je je slecht kunt concentreren. Je loopt naar de keuken om een beschuitje met muisjes te smeren en als je in de keuken staat weet je niet meer wat je ook alweer ging doen.

Zeker als het je eerste kind is, zal het anders zijn dan je je had voorgesteld. Je krijgt te maken met verwarrende gevoelens: 'Is dit nu mijn kind? Moet ik daar dan heel veel van houden? Maar ik voel helemaal niks. Nou ja, niks. Ik ben eigenlijk een beetje bang. Als ik de baby laat vallen, valt hij dan dood? Oh, jee, als ik de baby laat vallen dan ben ik een mislukkeling, dan stort mijn hele wereld in. Help, de baby huilt. Wat is er aan de hand? Als de baby huilt kan ik niet slapen. Dat is niet okay. Oh jee... Is dit de rest van mijn leven? Nooit meer een nacht doorslapen? HEEEEELP! Wat was dat? Een boertje? Haha. Hee, de baby huilt niet meer. Hij ligt aan mijn pink te zuigen. Kijk nou, die is gek. Hij denkt zeker dat er melk uitkomt. En wat een kleine nageltjes? Waarom zijn die vingers zo rimpelig? Is dat wel goed? Ha ha, wat een kleine teentjes. Oh ja... de schedel is nog niet dichtgegroeid, dus daaronder zitten meteen de hersenen. Zijn alle scherpe dingen al uit huis verwijderd? Oh jee... Hoelang duurt het nog voordat het schedeltje is dichtgegroeid? Kan ik de baby in bed nemen? Als ik de baby in de wieg leg, wordt hij wakker, maar in bed ga ik misschien op hem liggen als ik in slaap val. Is de wieg wel veilig?'

Paniek

Zeker als je in het begin helemaal alleen met de baby wordt gelaten, kan een lichte paniek zich meester van je maken. Dit geldt natuurlijk ook voor je vriendin. Als jij het in je malle hoofd haalt om één of twee dagen na de bevalling weer aan het werk te gaan, zal ze dat niet fijn vinden. Okay, de eerste paar dagen is de kraamhulp er, maar die is er niet meer dan een paar uur per dag. Zorg er daarom voor dat je er de eerste weken gewoon bij bent om elke seconde van het prille ouderschap mee te maken. Om je vrolijke vriendin langzaam te zien veranderen in een bezorgde moeder. Zorg ervoor dat je samen rustig kunt wennen aan de bizarre situatie dat jullie een nieuw mens in huis hebben. Neem uitgebreid de tijd, een paar maanden als je het je kunt permitteren. Wat kan jou het schelen? Samen wandelen, samen praten en overleggen en zo veel mogelijk hazenslaapjes doen. Het kan bij een man een paar weken of maanden duren voordat hij begrijpt wat vaderliefde betekent. En hoewel dat bij moeders vaak iets sneller gaat, geldt dat ook voor moederliefde. Het is fijn om aanspraak te hebben in deze verwarrende tijd.

— week 1 als vader —

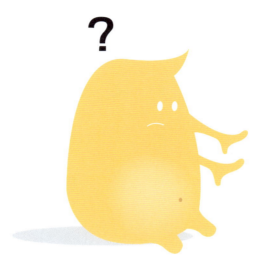

De Kleine

De verloskundige onderzoekt de baby nog een keer goed. Zijn eerste poep is een soort groenzwarte teer. Wees daarop voorbereid. Meconium heet het en dat is stroperiger en plakkeriger dan onverwerkte stookolie. Vreemd genoeg is het een goed teken. Het bestaat uit afvalstoffen die de baby tijdens de zwangerschap heeft binnengekregen en het feit dat de baby het uitpoept, betekent dat het maagdarmkanaal in orde is.

De baby kan de eerste dagen een beetje geel zien. Dat is niets om je zorgen over te maken en zal waarschijnlijk na een paar dagen wegtrekken. Trekt de gele kleur niet weg, en maak je je zorgen, neem dan contact op met de verloskundige. Zijn navel lijkt nog niet op jouw navel, het stuk navelstreng zit er nog aan. Dat zal langzaam afsterven en er vanzelf af vallen. Hopelijk zal de baby lekker aan de borst kunnen liggen en moedermelk kunnen drinken, dat scheelt een hoop gedoe. Lukt de borstvoeding nog niet meteen, maak je dan geen zorgen. Als het goed is heeft de baby lekker wat vet verzameld en daar kan hij rustig een paar dagen op teren.

— week 1 als vader —

De Grote

De kraamhulp controleert je vriendin deze week elke dag. En ook de verloskundige komt regelmatig langs. Zeker als het een zware bevalling was of als ze veel bloed heeft verloren, zal je vriendin het erg op prijs stellen als je niet meteen al je vrienden uitnodigt om aan het kraambed champagne te komen drinken. Hou de eerste dagen de mensen zo veel mogelijk buiten de deur. Natuurlijk komen ouders, broers, zussen en beste vrienden even langs, maar probeer het daarbij te houden. Laat die geboortekaartjes nog maar lekker even liggen. Hoe later je ze op de bus doet, hoe later het kraambezoek op gang komt. En hoe later het kraambezoek op gang komt, hoe beter het is. Je kent misschien die televisiescènes van een leuke jongeman die een café binnenstapt, zijn jas en zijn hoed aan de kapstok hangt en roept: 'Ik heb een zoon.' Waarop iedereen begint te juichen en bier door begint te geven. Maar dat is allemaal fictie. Laat dat maar uit je hoofd.

Je vriendin zal de eerste dagen een ongelofelijke behoefte hebben om het hele bevallingsverhaal keer op keer door te nemen. Eerst met jou, dan met haar goede vriendinnen, dan met haar slechte vriendinnen en uiteindelijk met toevallige voorbijgangers. Op een gegeven moment kun jij het verhaal dromen. Vertrouw er maar op dat het ergens goed voor is. Rond de vierde dag na de bevalling zal je vriendin waarschijnlijk plotseling beginnen te huilen en het allemaal niet meer zien zitten. Dat zijn zogenaamde kraamtranen. Die hebben te maken met de veranderende hormoonhuishouding na de bevalling en zijn volstrekt normaal. Als de kraamtranen langer dan twee maanden aanhouden, duurt het te lang en moet ze even langs de huisarts.

— week 2 als vader —

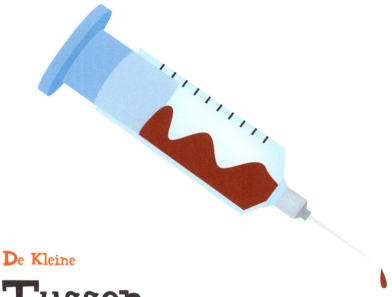

De Kleine

Tussen de vierde en de zevende dag krijgt de baby een hielprikje. Een verpleegkundige van het consultatiebureau komt langs en neemt een heel klein beetje bloed af bij de baby. Dat wordt onderzocht op zeventien aangeboren ziekten. Aandoeningen die zeldzaam zijn, maar beter te behandelen als ze vroeg worden ontdekt. Vandaar. Het wordt niet met een grote spuit met lange naald afgenomen, gelukkig gaat het maar om een heel klein beetje bloed, maar dat kan toch gevoelig liggen bij prille ouders en zeker bij prille moeders. Het is alsof iemand opzettelijk met een sleutel een krasje op je auto maakt. Probeer je hoofd koel te houden *(zie ook www.rivm.nl/hielprik)*. Naast de hielprik wordt er ook een gehoortest gedaan. Er wordt een dopje in de oren van de baby gedaan, maar dat doet geen pijn. De uitslag van deze test is meteen bekend. Na een dag of tien kun je met de baby naar buiten om een eindje te wandelen in de kar, ook als het winter of herfst is. In een warme zomer al eerder. Het voelt heel raar, maar je zult merken dat andere mensen het doodnormaal vinden om een paar jonge ouders achter een kinderwagen te zien lopen.

— week 2 als vader —

De Grote

De kraamhulp kapt er deze week mee. Jij bent misschien blij dat die bedillerige kraamhulp niet meer komt. Je vriendin denkt daar anders over. Zorg daarom dat je goed hebt opgelet en een deel van het werk van de kraamhulp over kunt nemen. Een prille moeder kun je heel blij maken met draaiende wasmachines, de geur van ontvetters en bleekmiddelen, een toilet waar een wolk chloor in hangt en een schoon bed. Het tegenovergestelde is ook waar; ze wordt heel ongelukkig van een rommelig huis. Het consultatiebureau en de huisarts nemen na de kraamweek de zorg over van de verloskundige. Het consultatiebureau houdt de groei en de ontwikkeling van de baby in de gaten en zal ook de inentingen tegen kinderziekten verzorgen. Als de borstvoeding niet goed op gang komt kan een lactatiekundige van pas komen. Bij het afsluitingsgesprek (zo'n acht dagen na de bevalling) zal de verloskundige een afspraak maken voor een 'nacontrole' zes weken later. Ze zal je goed op het hart drukken de moeder en het kind vitamine D te geven en het kind vitamine K (voor de bloedstolling). Ze zal je daarnaast ook seksuele voorlichting geven met betrekking tot een pas bevallen vrouw. Die kan zo weer zwanger worden als je een week of zes na de bevalling je seksuele leven een doorstart wilt geven. Ja, ook als ze nog niet ongesteld is geweest en ja, ook als ze borstvoeding geeft. Voor je het weet kun je weer op pagina 1 beginnen.

COLOFON

Concept: .... *Uitgeverij Snor*
Tekst: .... *Gerard Janssen*
Eindredactie: .... *Suzanne de Boer*
Vormgeving en illustraties: .... *Job, Joris & Marieke, www.jobjorisenmarieke.nl*

Speciale dank voor Tineke Szatmari Okma, die met haar ervaring als verloskundige veel aan de oorspronkelijke tekst wist toe te voegen. Verder dank aan Coen Paulusma, Dick Swaab, Govert Schilling en Bas van Hoof.

ISBN: 978-90-79961-02-3
NUR: 370
© Uitgeverij Snor, Utrecht, mei 2009
9e druk december 2016

Alle rechten voorbehouden. Niets van deze uitgave mag worden verveelvoudigd, opgeslagen in een geautomatiseerd gegevensbestand en/of openbaar gemaakt in enige vorm of op enige wijze, hetzij elektronisch, mechanisch, of op enige andere manier zonder voorafgaande schriftelijke toestemming van de uitgever.

'Zwangerschapsboek voor mannen' is een uitgave van Uitgeverij Snor. Dit boek is met de grootst mogelijke zorg samengesteld. Voor eventuele onjuistheden in de tekst aanvaarden de auteurs, medewerkers en Uitgeverij Snor geen aansprakelijkheid. En ook stellen makers en de uitgever zich niet aansprakelijk voor eventuele schade als gevolg van eventuele onjuistheden en/of onvolledigheden in deze uitgave.

Wil je iets vertellen? Stuur een mail naar: info@uitgeverijsnor.nl
www.uitgeverijsnor.nl